PETITE
HISTOIRE CHRONOLOGIQUE

DE DIEPPE

PAR E. CHEVALLIER

Directeur d'École à Dieppe

TROIS PLANCHES HORS TEXTE

Plans de Dieppe en 1600, 1832 et 1884

MÉDAILLE D'OR OFFERTE PAR LA VILLE DE ROUEN

(EXPOSITION RÉGIONALE DE 1884)

ROUEN

IMPRIMERIE DE ESPÉRANCE CAGNIARD

RUES JEANNE-DARC, 88, ET DES BASNAGE, 5

1886

```
PLAN DE DIEPPE EN 1600
```

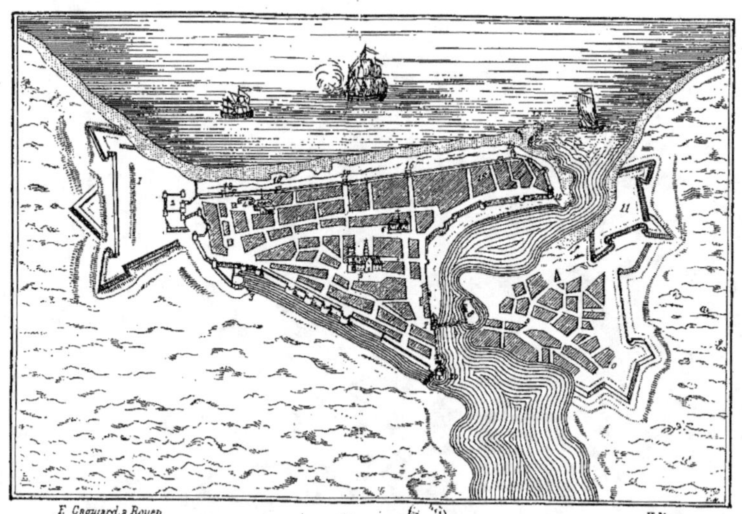

LÉGENDE

1 Citadelle.
2 Le château.
3 La porte de la Barre.
4 Le cimet. et l'église St-Rémy.
5 L'église St-Jacques.
6 L'hôtel de ville.
7 La porte du pont.
8 Le ravelin du pont.
9 Le Pollet.
10 Le fort Châtillon.
11 Le fort du Pollet.
12 La tour aux crabes.
13 La jetée.
14 Le moulin à vent.
15 La maison d'Ango.
16 La porte Sailly.
17 La porte de la poissonnerie.
18 La porte de la halle.
19 La porte du port d'ouest.
20 Le moulin à l'eau.

A Monsieur LEBASTARD,

inspecteur primaire a dieppe

Respectueux hommage de reconnaissance.

E. CHEVALLIER.

Paris, le 20 octobre 1884.

Monsieur,

A la demande du Bureau d'éducation de Washington, le Ministre de l'Instruction publique a décidé que l'Exposition scolaire organisée sous ses auspices, à Londres, serait transportée à l'Exposition universelle qui va s'ouvrir en décembre prochain à la Nouvelle-Orléans.

Les objets que vous avez fait figurer cette année à l'Exposition régionale de Rouen, me sont signalés comme pouvant servir à rehausser l'intérêt et la valeur de ceux que nous envoyons à la Nouvelle-Orléans.

Je vous prie de me faire savoir s'il vous serait agréable de les mettre à la disposition du Ministère de l'Instruction publique pour cette destination

Le Directeur de l'Enseignement primaire,

F. BUISSON.

[1] *Mémoires pédagogiques* et *Histoire de Dieppe.*

PETITE
HISTOIRE CHRONOLOGIQUE
DE DIEPPE

PAR E. CHEVALLIER
Directeur d'École à Dieppe

TROIS PLANCHES HORS TEXTE

Plans de Dieppe en 1600, 1832 et 1884

MÉDAILLE D'OR OFFERTE PAR LA VILLE DE ROUEN

(EXPOSITION RÉGIONALE DE 1884)

ROUEN

IMPRIMERIE DE ESPÉRANCE CAGNIARD
RUES JEANNE-DARC, 88, ET DES BASNAGE, 5

—

1886

Ayant pensé que mes élèves, en étudiant l'*Histoire de France*, trouveraient avantage et plaisir à y joindre, par ordre de dates, quelques détails sur l'histoire si importante de leur ville, j'ai rédigé ce modeste travail.

E. Chevallier.

15 février 1884.

PREMIERS SIÈCLES DE DIEPPE

DE 420 A 912

La mer couvrait et découvrait périodiquement un marais qui s'étendait jusqu'au fort, appelé *Arelanum* (aujourd'hui Arques), établi par les Romains.

809. — Charlemagne ayant visité la baie d'Arelanum, fit bâtir sur la falaise du couchant un fort destiné à en commencer l'entrée sous le nom de *Berthe,* porté par sa mère et une de ses filles. De Berthe on fit *Bertheville.*

815. — Les pêcheurs retirés sous le fort d'Arques, établirent leurs cabanes sous celui de Bertheville. Ils posèrent une barre ou digue pour chasser les galets et faciliter leur entrée et leur sortie. De là le nom de *la Barre* donné au faubourg situé au couchant de la ville.

843. — Sous Charles-le-Chauve, les Normands profitant de la négligence ou plutôt de la nullité de notre marine, abordèrent à cette baie, s'humanisèrent avec les pêcheurs qu'ils trouvèrent établis et devinrent leurs compagnons. Les uns et les autres, également brigands, pillaient indifféremment les Anglais et les Français.

Les nouveaux venus substituèrent au nom de Bertheville celui de *Dyppe,* dont on a fait *Dieppe.* Dyppe signifiait dans leur langue, *bon mouillage.*

DIXIÈME SIÈCLE

912. — Rollon, reconnu souverain de toute la Neustrie par le traité de Saint-Clair-sur-Epte, fit de Dieppe son principal port.

913. — Rollon envoya en Angleterre des secours aux Danois, ses compatriotes, qui tentèrent en vain de conquérir cette île.

930. — Les Dieppois s'établirent pour toujours sur l'alluvion, toute composée de galets, où la ville est encore aujourd'hui. Ils ne s'assujettirent à aucun seigneur particulier : leur terrain ne relevait que du prince. Pour prévenir toute attaque ils se renfermèrent dans l'enceinte d'une sorte de palissade et d'un large fossé.

956. — Lothaire, fils de Louis d'Outre-Mer, ayant vu *cette bicoque*, l'envia et voulut l'enlever au jeune duc de Normandie, Richard Ier. Il en forma enfin le siège et se retira pour porter ses armes ailleurs.

Dieppe prit alors une consistance d'ordre et de police qui est le fruit ordinaire de toute association. A la pêche on joignit le commerce maritime. Les premiers marais salants furent établis, et de là sont venues les rentes seigneuriales en sel qui ont été payées jusqu'en 1793.

Le véritable esprit démocratique existait à Dieppe dès 956. De l'aveu même de l'abbé Desmarquets, les gentilshommes qui voulaient prendre part à la navigation devaient avoir le courage de commencer leur noviciat par les plus bas postes.

Il y avait aussi à cette époque un gouvernement municipal, dont le chef, chargé du commandement civil et militaire, prit la qualité de maire.

Si les Dieppois du xe siècle étaient bons chrétiens on ne saurait leur attribuer ni fondation de monastères, ni pèlerinage en Palestine, ni épreuves par le feu, par l'eau ou par la croix. Une modeste chapelle, dédiée à sainte Catherine [1], fut le premier édifice religieux. Devenue insuffisante, la communauté dieppoise construisit une vaste église sous le vocable de saint Rémy. Elle ne fut achevée qu'en 980.

[1] On appelle encore aujourd'hui rue Ste-Catherine la chaussée latérale sud à l'église St-Jacques.

ONZIÈME SIÈCLE

1047. — Guillaume-le-Bâtard, obligé de châtier le comte d'Arques qui s'était révolté contre lui, l'assiégea à Arques et le fit prisonnier. Se trouvant si près de Dieppe, il y vint et y reçut l'hommage de ses concitoyens.

1066. — Guillaume, aidé des Dieppois, qui armèrent tous leurs vaisseaux pour le transport des troupes, s'empara de l'Angleterre. Dieppe devint par le fait l'entrepôt des marchandises des deux nations et le passage ordinaire des sujets de l'une et de l'autre. Ces avantages ont été maintenus jusqu'en 1194.

DOUZIÈME SIÈCLE

1150. — Vers 1150, Guillaume comte de Mortain, descendant de Guillaume-le-Conquérant, étant attaqué de la lèpre, fonda une léproserie au hameau de Jauval.

1194. — Philippe-Auguste s'étant emparé du château d'Arques, Richard-Cœur-de-Lion lutta contre lui. Les Dieppois, fidèles à Richard, le soutinrent si énergiquement qu'il fut vainqueur. Philippe, irrité de la résistance des Dieppois, fit mettre le feu à leurs maisons et à leurs navires, détruire leurs palissades et combler leurs fossés ; il ne laissa que la place du premier Dieppe et fit transporter au milieu de ses États les citoyens qui étaient restés dans la ville.

On croit généralement que Philippe fit camper son armée au camp de César, erreur de dénomination qui a pu venir du surnom d'Auguste donné à ce prince.

1195. — Philippe et Richard conclurent la paix près de Gaillon. Par ce traité, Dieppe et Arques furent rendus à Richard ; la ville fut reconstruite, à l'exception toutefois des fortifications pour lesquelles l'argent manqua.

1196. — Par suite d'un différend survenu entre Richard et Gautier, archevêque de Rouen, relativement à la construction d'un fort aux Andelys, appel fut formé auprès du pape Célestin III, qui autorisa Richard à échanger la possession du fort des Andelys contre celle des moulins à blé de Rouen et de la ville de Dieppe, de la forêt d'Aliermont et de la ville de Louviers.

TREIZIEME SIÈCLE

Dès le XIIIe siècle, il y avait dans Dieppe des écoles publiques pour la langue latine ; elles étaient dirigées par des ecclésiastiques.

1202. — Jean-sans-Terre, successeur de Richard, ayant fait assassiner son neveu, Arthur de Bretagne, la Cour de Paris le cite à comparaître pour rendre compte de ce crime ; s'y étant refusé, la Cour mit Philippe Auguste en possession de la Normandie.

Les habitants de Dieppe reportèrent alors sur les rois de France les sentiments d'amour et de fidélité qu'ils avaient précédemment eus pour les ducs de Normandie.

1250. — L'église de Saint-Remy, devenue insuffisante pour la population, on construisit une seconde église sous l'invocation de saint Jacques ; elle fut édifiée sur l'emplacement de l'ancienne chapelle Sainte-Catherine. On ne la termina qu'en 1400.

1254. — Il existait à cette date deux ports : celui d'ouest et celui d'est. Le port d'ouest était pratiqué à l'embouchure de la Varenne. Les citoyens dieppois, comprenant que deux ports séparés étaient moins profonds que ne le serait un seul qui réunirait les trois rivières, supprimèrent le port d'ouest. La jonction de la Varenne aux rivières de la Béthune et de l'Aulne fut faite un peu au-dessous d'Arques.

Pendant le reste du XIIIe siècle, Dieppe étendit sa navigation et son commerce. Les poissons salés, le sel en masse et autres denrées furent portés dans les Pays-Bas, en Écosse, en Espagne et sur les côtes françaises.

QUATORZIÈME SIÈCLE

1304. — Un Dieppois, Jean de Bailleul, devenu roi d'Écosse, fut détrôné. Il se retira dans sa terre de Bailleul, située dans la vallée d'Aulne, à cinq lieues de Dieppe.

1330. — Les iles Canaries, connues dans les temps anciens sous le nom d'iles Fortunées, longtemps ignorées après la ruine de Carthage, furent retrouvées en 1330 par des Français du Nord. Quelques auteurs attribuent cette découverte aux Dieppois.

1336. — Un bateau pêcheur de Dieppe, revenant de la pêche du hareng, fut pris par la tempête et alla échouer sur les côtes anglaises, près de Douvres. Les Anglais secoururent les naufragés, mais pour se payer de ce service ils enlevèrent la moitié de la cargaison. Ce procédé peu délicat indigna les pêcheurs qui étaient de retour à Dieppe, en firent part à leurs compatriotes, lesquels résolurent de s'en venger. Plusieurs navires armés en guerre prirent nombre de ceux des Anglais. Cette guerre entre sujets fut suivie, peu de temps après, par celle des souverains des deux pays.

1337. — Philippe de Valois, afin de soutenir la lutte contre les Anglais, arma une flotte commandée par trois capitaines : Quiriet, commandant des navires de Basse-Normandie et de Bretagne ; Barbavera, commandant des

Génois, et Jean Béhuchet, commandant de cinquante navires dieppois.

La flotte française ayant précédé celle d'Édouard, la victoire était facile et aurait été certaine si l'avis de Béhuchet, qui voulait intercepter l'entrée de la Tamise, avait été suivi. Barbavera, qui avait le commandement général, s'y oppsa.

Édouard sortit alors de Londres et gagna la hauteur de l'Écluse. Le vent favorisait notre flotte, et par une attaque immédiate il y avait encore lieu d'espérer la victoire, mais Barbavera, qui n'avait plus de fautes à commettre, s'opposa encore à ce projet. Béhuchet attaqua cependant, mais en vain ; des cinquante navires dieppois il n'en échappa que cinq, qui rentrèrent dans notre port. Le brave Béhuchet fut pendu : suite ordinaire de la barbarie de cette époque. Un patriote aussi dévoué méritait assurément un meilleur sort.

Quelque temps après, Édouard, pour se venger de la vigoureuse attaque des Dieppois, envoya une armée pour détruire leur port. Cette armée s'étant arrêtée pour piller le Tréport et Eu, ceci donna le temps aux habitants de se retirer dans le château d'Arques avec leurs principales richesses. Quand l'armée anglaise arriva, il était trop tard ; après avoir pillé ce qui restait de meubles et de marchandises, elle alla ravager les campagnes voisines. Mal lui en prit car elle tomba dans les embuscades dressées par la garnison d'Arques et fut obligée de se retirer.

1339. — Impatients de se venger d'Édouard, les Dieppois armèrent une flotte, et après avoir assiégé Soupthamton (Angleterre), cette ville fut livrée au pillage et à l'incendie.

1345. — Philippe de Valois, reconnaissant du zèle et de la bravoure des Dieppois au combat de l'Écluse, favorisa la construction d'un fort de défense ; il déclara la ville exempte de tous droits et impositions de gabelles par lettres patentes données à Notre-Dame-des-Champs le 15 février 1345.

1354. — Jean-le-Bon favorisa aussi les fortifications de Dieppe. Par lettres patentes du 17 juillet 1354, il ordonna que les droits perçus dans les vicomtés d'Arques et de Neufchâtel seraient donnés aux Dieppois. Ils achetèrent avec cet argent les terrains du côté de la prairie, sur lesquels ils bâtirent leurs murailles et creusèrent des fossés.

Il y a lieu de penser que ce fut après la perfection de ces fortifications que l'on donna des armoiries à la ville, composées comme il suit : un écusson en champ, mi-partie d'azur et gueule, porte un vaisseau à trois mâts, les voiles pliées et à l'ancre, pour marquer la bonne rade ; ce vaisseau est soutenu par deux sirènes, pour indiquer qu'ils avaient surmonté tous les obstacles et les périls de la mer.

La ville devint l'entrepôt des denrées et des marchandises des autres nations ; ses marins furent les premiers qui longèrent les côtes d'Afrique et qui ouvrirent les barrières qui séparaient les deux mondes.

1364. — En l'année 1364 les premiers vaisseaux marchands partirent de Dieppe, parcoururent l'Atlantique jusqu'à la hauteur du cap Vert, arrivèrent en Guinée et y construisirent un petit fort, auquel ils donnèrent le nom de *Petit-Dieppe ;* un peu plus tard ils établirent le *Grand* et le *Petit-Paris.*

C'est un grand honneur pour la ville de Dieppe d'avoir été la première qui ait établi une colonie dans un pays jusqu'alors inconnu aux Européens. Ses habitants jouissaient des produits de leur découverte sans en donner avis au gouvernement, qui était d'ailleurs trop occupé à réprimer les prétentions des grands du royaume. Ils agissaient en hommes libres, parcouraient les mers et faisaient telle expédition et tel commerce qu'ils voulaient ; aussi le port de Dieppe, parfaitement situé, devint-il un des plus riches de France et d'Europe. Fortifiés dans leur ville, les marins dieppois eussent fait repentir quiconque aurait eu la témérité de les attaquer.

1370. — Charles V eut recours aux Dieppois dans toutes les guerres qu'il eut à soutenir contre les Anglais. En 1370, ce roi fit passer sur les navires les troupes qui mirent Portsmouth en cendres.

1371. — Les Anglais ayant bloqué la ville de la Rochelle, Charles V réclama encore le secours des Dieppois, qui armèrent aussitôt une flotte commandée par Ambroise, surnommé *Bouche-Nègre.* Cette flotte battit et dispersa celle des Anglais (1372).

1374. — Construction d'un phare en pierre à l'entrée du port.

1380. — Il se tenait alors une foire franche pendant la semaine de la Saint-Denis. La bonne foi des négociants de Dieppe et l'importation qu'ils faisaient dans leur port des marchandises de l'Europe et de l'Afrique, attiraient à cette foire quantité de marchands français et étrangers. Quelques-uns de ces marchands s'établirent dans Dieppe.

1396. — Les magistrats firent paver les rues de la ville : partie en galet, partie en gros pavés de grès.

QUINZIÈME SIÈCLE

1412. — Le fils du duc d'Orléans voulant venger l'assassinat de son père, eut recours aux Anglais, qui armèrent une flotte, dont partie fut envoyée devant le port de Dieppe, qu'elle bloqua ; l'autre partie, ayant débarqué dans la baie de Pourville, vint assiéger la ville par terre. Il n'y avait à Dieppe ni Armagnacs, ni Bourguignons, mais de bons et braves Français qui connaissaient la jalousie des Anglais pour la prospérité de la navigation dieppoise. La résolution et la bravoure des Dieppois obligèrent les Anglais à abandonner la place après y avoir perdu leur général, beaucoup d'officiers et un grand nombre de soldats.

1420. — Après le honteux traité de Troyes, Henri V voulut se faire reconnaître roi par les Dieppois, qui ne se soumirent point. Pendant trois ans, la ville soutint un siège contre ce roi. Henri parvint à capter l'attachement des bourgeois en confirmant leurs privilèges. Cela dura peu : les Dieppois, habitués à vivre en hommes libres, supportaient de mauvaise grâce la présence d'une garnison étrangère dans leur ville.

1428. — Une circonstance imprévue fit éclater leur mécontentement. Le commandant, obligé d'envoyer en Angleterre un renfort de garnison au duc de Bedfort, et craignant une révolte de la part des Dieppois, ordonna de faire enlever les enfants des principaux bourgeois et de les faire conduire à Rouen pour otage et garantie de la conduite des habitants. Ces derniers, irrités, prirent les armes, arrachèrent leurs enfants des mains des Anglais et s'enfermèrent dans l'église Saint-Jacques ; mais la garnison ayant cerné l'église ils n'en purent sortir qu'après avoir rendu leurs enfants.

1435. — L'échec éprouvé par les Dieppois les détermina à secouer à tout prix le joug anglais ; ils déléguèrent quatre notables qui s'occupèrent en secret de préparer une révolte. Un d'entre eux, ayant pu sortir de la ville à l'insu des Anglais, se rendit à Bures, village distant de 30 kilomètres, où habitait un brave gentilhomme, le sieur Desmarets, dont la valeur et la probité étaient connues des Dieppois.

Les bourgeois et Desmarets s'entendirent pour la délivrance de Dieppe ; la nuit du 22 novembre 1435, une troupe de soldats, commandée par ce brave capitaine, traversa la rivière du Pollet et pénétra dans la ville. Les citoyens dieppois s'unirent aussitôt à cette troupe et attaquèrent les Anglais qui, pris à l'improviste, furent chassés de poste en poste et se réfugièrent dans le château. Desmarets et les siens les y suivirent et ils s'échappèrent par la porte du secours, laissant plus de la moitié des leurs, tant morts que blessés ou prisonniers. Ils partaient résolus de venger l'affront fait à la gloire des armées anglaises.

1442. — Talbot, le meilleur général anglais, se présenta devant les murailles de Dieppe avec une armée bien aguerrie, le 29 novembre 1442.

La ville était abondamment pourvue de provisions de guerre et de bouche, et le brave Desmarets était encore là pour diriger la défense. L'attaque eut lieu du côté du château, mais Talbot, reconnaissant l'inutilité des efforts de ce côté, traversa la rivière près d'Étran et vint sur le coteau Est où il établit un fort en bois, qu'on appela Bastille ; la position était favorable et les canons anglais parvinrent à faire une grande brèche à la partie du rempart qui fermait le quai, près la Tour-aux-Crabes, à l'endroit où existe aujourd'hui une fontaine. Ayant traversé le port à la marée basse, les Anglais montèrent à l'assaut. Les Dieppois les repoussèrent si vaillamment qu'ils furent obligés de battre en retraite.

1443. — Après cinq mois de siège, le brave comte de Dunois, à la tête de mille Français, vint secourir les Dieppois. A peine est-il informé de l'arrivée de ce renfort que, dans la crainte d'éprouver un nouvel échec, Talbot se hâta de retourner en Angleterre. Le duc de Sommerset le remplaça.

Dunois, prévoyant une victoire certaine, intéressa le dauphin à la cause dieppoise et, le 11 août 1443, ce prince arrivait devant Dieppe. Aussitôt les dispositions pour l'attaque furent prises et, dès le point du jour du 14, elle eut lieu d'une façon si terrible que la Bastille fut enlevée et tous les Anglais faits prisonniers. Ainsi, de l'armée anglaise qui était venue assiéger Dieppe, il n'y eut que Talbot qui revit l'Angleterre.

Après cette victoire, le dauphin fit présent à l'église Saint-Jacques d'une statue de la Vierge de grandeur naturelle et toute en argent. Il ordonna qu'on fît chaque année une procession générale autour des murs de la ville à pareil jour et heure qu'il avait attaqué et emporté la Bastille. Cette procession donna lieu à la création d'une confrérie de l'Assomption dont les cérémonies burlesques, appelées mitouries, ont duré jusqu'en 1684.

1444. — Une trève fut signée à Tours par les deux nations, cependant les Anglais, furieux de la perte de leur armée devant les murailles de Dieppe, continuèrent d'attaquer les vaisseaux de cette cité.

1448. — Les Anglais ayant rompu la trève se virent enlever Fécamp par Desmarest, capitaine-commandant de la ville de Dieppe. Ce brave capitaine, à la tête de cinq compagnies bourgeoises de Dieppe et des environs, arriva à Fécamp à l'improviste, prit la place par escalade et fit prisonnier le petit nombre des Anglais qui occupaient la ville ainsi que ceux qui y débarquaient au même instant et y venaient à titre de conquérants.

1459. — Par lettres patentes du 18 juin 1459, le roi Charles VII autorisa la prolongation des jetées.

1461. — Avènement de Louis XI. Les Parisiens ne surent mieux faire pour saluer l'avènement de ce roi que de lui donner pour spectacle l'assaut glorieux qu'il livra en 1443, étant dauphin, à la Bastille anglaise qui menaçait Dieppe.

1472. — Après la défaite de Beauvais, Charles-le-Téméraire vint assiéger Dieppe, mais les sorties continuelles des Dieppois, presque toujours suivies de succès, l'obligèrent à lever le siège après neuf jours d'attaque.

1475. — Le 11 avril 1475, les citoyens dieppois obtinrent du roi une commission d'armer les vaisseaux pour courir sur ceux d'Angleterre.

1477. — La poissonnerie qui se tenait en la place du moulin à vent, fut installée en la rue appelée aujourd'hui rue de l'Ancienne-Poissonnerie.

1485. — Le comte de Richemond obtint des Dieppois le prêt de leurs navires pour aller attaquer Richard d'Angleterre, mais à peine fût-il en possession de la couronne qu'il eut la lâcheté de laisser ses sujets porter les armes contre Dieppe.

1487. — Les bourgeois, indignés de cette trahison, obtinrent l'autorisation d'armer une flotte afin de forcer les Anglais à respecter désormais le droit des gens. Cette flotte se rendit maîtresse de la mer et la nation anglaise humiliée n'osa plus troubler leur navigation en temps de paix.

1488. — Jean Cousin, jeune capitaine qui s'était illustré en 1487 dans l'attaque contre les Anglais, obtint le commandement d'un vaisseau, avec l'ordre d'élonger les côtes d'Afrique. Fort des leçons hydrographiques du savant Descaliers, il fut le premier capitaine de l'univers qui sut prendre hauteur au milieu des mers ; il s'élança alors dans l'Océan et découvrit une terre inconnue où il signala l'embouchure d'un grand fleuve, qu'il nomma Maragnon, et s'appela un peu plus tard fleuve des Amazones.

Courant vers l'est, il découvrit le premier la pointe d'Afrique, à laquelle il donna le nom de *Pointe des Aiguilles.* Après lui les Portugais abordèrent à cette pointe et l'appelèrent *Cap de Bonne-Espérance,* ainsi qu'on la connaît aujourd'hui.

Les succès maritimes de Jean Cousin excitèrent la jalousie de son second, Vincent Pinçon. Ce dernier suscita de tels embarras à Cousin qu'il fut obligé de le dénoncer aux magistrats dieppois, lesquels déclarèrent Pinçon incapable d'être à l'avenir employé comme offiicer sur les navires dieppois. Ce traître, furieux du jugement rendu contre lui, s'enrôla dans l'escadre que faisait équiper Cristophe Colomb pour la découverte de l'Amérique. Nous avons vu que Jean Cousin avait abordé la terre inconnue avant Colomb, mais cette découverte n'avait eu aucun retentissement.

Ce silence est attribué à deux causes : la première était que le gouvernement, dépourvu de marine, n'accordait aucune protection à ces expéditions lointaines ; la seconde, en ce que les Dieppois n'avaient fait que reconnaitre le pays sans y fonder de colonie.

SEIZIÈME SIÈCLE

1507. — Le 6 février 1507, Louis XII accorda aux habitants de Dieppe des lettres patentes confirmatives de leurs droits d'octroi.

1508. — Deux navires dieppois découvrirent un fleuve américain (10 août) qu'ils remontèrent, dès ce jour, fête de saint Laurent et l'appelèrent de ce nom. Trouvant les habitants affables, ils avancèrent jusqu'à près de quatre-vingt lieues et firent des échanges avantageux en pelleteries.

Les Dieppois découvrirent, vers la même époque, l'ile de Terre-Neuve, où le père du célèbre Ango fonda une colonie qui lui rapporta d'immenses richesses.

1513. — Par permission du cardinal d'Amboise, archevêque de Rouen, l'ancienne église Saint-Rémi fut remplacée par l'église actuelle ; on n'acheva la construction de cet édifice que vers 1560.

1515. — Ango, le Jacques-Cœur dieppois, continua les expéditions lointaines de ses devanciers. Dans ses voyages en Afrique et aux Grandes-Indes il réalisa une fortune considérable [1].

1525. — En 1525 il fit bâtir un magnifique hôtel sur

---

[1] « Ango s'est acquis, comme armateur, un renom que personne n'a atteint jusqu'à présent dans ce genre d'industrie. »

A. BOUTEILLER.

l'emplacement actuel du collège et un riche manoir à Varengeville.

1532. — Par lettres patentes du 27 février 1532, François Ier approuve le projet de faire venir à Dieppe les eaux de source de Saint-Aubin-sur-Scie.

1534. — François Ier vint à Dieppe et Ango se chargea seul des frais de la réception ; l'opulence et le faste qu'il y mit étonna les courtisans autant que cela plût au roi.

Un navire dieppois, appartenant à Ango, ayant été capturé par les Portugais, ces derniers eurent à s'en repentir. Ango, informé du fait, équipa une escadre qui alla piller, dévaster et brûler les villages du littoral portugais ; parvenue à l'embouchure du Tage, elle s'empara de tous les navires portugais qui sortaient ou voulaient entrer dans Lisbonne, de plus, les matelots opéraient des descentes sur le rivage, pillaient, dévastaient et brûlaient les villages.

Le roi de Portugal, informé de ces faits, envoya un député pour s'en plaindre à François Ier, mais ce souverain, plein d'estime pour Ango, pria le député de se rendre à Dieppe afin de s'entendre avec le riche armateur ; par respect pour son roi, Ango fit donner l'ordre immédiat au commandant de son escadre de faire la paix avec les Portugais.

1535. — Par lettres patentes du 20 novembre 1535, la ville fut autorisée à lever un subside de 30 sous par chaque muid de vin et 20 sous par muid de sel de sa consommation.

Le dieppois Jean Parmentier fit plusieurs voyages en Chine vers cette époque (1529 ou 1535), et mourut dans une île de la mer des Indes. Il fut un des plus savants capitaines que Dieppe ait produits.

1536. — On commença, en cette année 1536, les travaux de canalisation des eaux approuvés par François Ier ; on fit face à la dépense sur les fonds du subside précité (1535). Ce subside dura jusqu'en 1692. L'ouvrage n'a acquis sa perfection qu'en 1552. (Les travaux de canalisation ont été refaits et terminés en 1882.)

1545. — Sur la demande de François Ier, quarante-six navires dieppois furent envoyés au Havre, en juin 1545. Ils partirent de cette ville, sous les ordres de l'amiral Annebaut, pour l'île de Wight, qui appartenait aux Anglais et s'en emparèrent.

L'amiral Annebaut est le premier seigneur qui ait été revêtu de la dignité amiralice et en fait l'exercice sur la mer.

1549. — Le 2 novembre 1549, Henri II fit son entrée à Dieppe ; il était accompagné de Diane de Poitiers. Marie de Lorraine, douairière d'Écosse, qui était en cette ville depuis quatre-vingt-dix-neuf jours, présenta ses hommages au roi. La réception d'Henri fut très enthousiaste. Ce prince en marqua toute sa satisfaction aux habitants. Il ordonna que le château fût couvert du côté de Caude-Côte par une citadelle.

1550. — Après la conclusion de la paix avec l'Angleterre, le maréchal de Saint-André fut chargé de porter au jeune souverain anglais le collier des ordres du roi de France. Arrivé près de Boulogne, il apprit que Marie d'Autriche, gouvernante des Pays-Bas, faisait croiser douze gros vaisseaux flamands sur les côtes du Pas-de-Calais ; craignant d'être arrêté dans son passage, il vint à Dieppe, où il s'embarqua après avoir donné ordre de garder en otage trois vaisseaux flamands en relâche dans le port. Le sieur Vieilpont, capitaine-commandant de la ville, en homme peu habile, avait approuvé ou peut-être donné l'idée de cet embargo contre le vœu de tous les négociants de la ville, lesquels craignaient qu'il en résultât pour leur commerce de sérieuses difficultés. Cette prévision fâcheuse se réalisa ; à peine Marie d'Autriche eût-elle appris le fait qu'elle donna ordre d'arrêter dans ses ports tous les navires dieppois. Une escadre fut aussitôt mise en mer ; elle fit la chasse à tous les bâtiments flamands qui faisaient la pêche de Germuth, mais bientôt le maréchal de Saint-André, qui avait exécuté son voyage sans entraves, étant de retour à Dieppe, fit mettre en liberté les trois vaisseaux flamands, et de son côté Marie d'Autriche permit à ceux de Dieppe de sortir de ses ports.

1554. — Les citoyens dieppois, mécontents de la conduite qu'avait tenue le commandant Vieilpont lors du passage du maréchal Saint-André trouvant d'autre part qu'il abusait en maintes occasions de son autorité, se plaignirent au roi qui le fit déposer et le remplaça par le sieur Poulard-des-Forts.

1555. — Le nouveau commandant obtint du roi, par lettres patentes données à Blois le 16 janvier 1555, l'autorisation de prélever une amende de ?... sur les notables qui, sans excuse légitime, n'assisteraient pas aux assemblées générales.

Henri II ayant appris que Charles-Quint, avec lequel il était en guerre, faisait sortir d'Espagne une flotte chargée de marchandises et de munitions pour se rendre dans les Pays-Bas, l'amiral Coligny lui conseilla de s'adresser aux Dieppois pour arrêter les ennemis. L'amiral leur écrivit à ce sujet en juin 1555.

Toujours zélés et dévoués pour leurs princes, les Dieppois, malgré les pertes considérables qu'ils avaient récemment faites, armèrent une flotte à frais communs ; le commandement en fut donné à Louis de Bures, seigneur d'Épineville ; elle sortit du port le 5 août, et dès le 11 elle découvrait les vaisseaux flamands qui cinglaient le long des côtes d'Angleterre. Après un combat terrible, cette flotte revenait victorieuse avec huit vaisseaux capturés et neuf cents prisonniers ; elle avait perdu quatre vaisseaux et quatre cent soixante hommes, parmi lesquels on comptait le brave capitaine de Bures. Outre les vaisseaux capturés et les prisonniers, les Flamands comptaient environ neuf cents hommes tant tués que noyés.

Le 25 août suivant, le roi écrivit une lettre de félicitations aux Dieppois.

Dans la même année, le 5 octobre, une flotte dieppoise, commandée par le jeune capitaine Ribault, marchait sur la pêche flamande de Germuth, quand elle fut battue par une violente tempête qui lui occasionna des pertes sérieuses, bien vite compensées par la prise de la plupart des vaisseaux flamands.

Ces expéditions côtières n'empêchaient pas les Dieppois de faire leurs navigations lointaines, les négociants faisaient partir et recevaient tous les ans plus de vingt-cinq navires des Indes, de l'Afrique et de l'Amérique.

1557. — Le 16 juin 1557, Marie d'Angleterre ayant déclaré la guerre à la France, le sieur de Snarpont, gentilhomme des environs de Dieppe, gouverneur de Boulogne, et le duc de Guise firent appel aux Dieppois, qui s'empressèrent d'y répondre et contribuèrent, pour une large part, à la prise de Calais.

La religion réformée commença à être prêchée à Dieppe par un nommé Vénable, puis après par un sieur Delaporte. Les prosélytes devinrent si nombreux que le clergé s'en émut et fit appel au cardinal de Bourbon, archevêque de Rouen. Ce prélat, dans le but d'arrêter l'élan calviniste, prit le parti d'organiser une mission anti-réformiste ; il délégua, à cet effet, un de ses grands vicaires et quelques savants ecclésiastiques.

1559. — La mission fut ouverte le 31 mai 1559, par une procession générale du Saint-Sacrement, mais les nouveaux sectaires s'irritèrent à tel point de cette démonstration que le soir même du jour ils assaillirent la maison où étaient logés le grand vicaire et les ecclésiastiques ; près de deux mille personnes des deux sexes passèrent devant la porte en chantant les psaumes de Marot. Ce procédé hardi effraya tellement les délégués du cardinal qu'ils quittèrent la ville le lendemain de grand matin. Cette retraite précipitée eut pour conséquence de confir-

mer les prosélytes dans leur croyance nouvelle et d'en
augmenter le nombre.

1560. — A la demande de l'amiral Coligny, qui voulait
procurer à son parti un asile de refuge en Amérique, le
capitaine Ribaut partit le 15 février 1560 à la tête de
cinq vaisseaux, dont trois gros et deux petits, montés par
six cents hommes de la nouvelle religion ; ils abordèrent
en Floride, mais vu l'insuffisance des vivres, l'expédition
échoua.

Knox, célèbre prêtre schismatique d'Écosse, vint à
Dieppe, où il prêcha la Réforme en plein jour. Le calvinisme s'enracina si bien à Dieppe que le cardinal de Bourbon étant venu y exercer son pouvoir juridique, ne fut
pas mieux traité par les partisans de la Réforme que ne
l'avaient été ses grands vicaires en 1559 ; il en porta
plainte au roi François II, qui enjoignit au sieur Des
Forts, commandant de la place, de faire cesser tous les
exercices de la religion réformée à Dieppe. Des Forts,
zélé protestant, ayant refusé d'obéir, le maréchal de la
Vieuxville et le duc de Bourbon, envoyés royaux, arrivèrent à Dieppe le 25 octobre, à la tête de trois cents arquebusiers ; la maison du prêche fut démolie et le commandant remplacé par le sieur de Ricarville, gentilhomme
catholique. Ces mesures excitèrent le mécontentement
des protestants qui se portèrent à différents excès ; un
jeune citoyen ayant brisé la statue d'un saint, en l'église
Saint-Jacques, fut condamné à mort par le présidial de
Caudebec ; deux autres protestants furent exécutés sur la
place du Marché, pour avoir profané les vases sacrés de

l'église d'Estran. Ces rigoureuses exécutions, loin d'affaiblir le parti calviniste, contribuèrent à lui attirer de nouveaux prosélytes, et à peine les envoyés royaux eurent-ils quitté la ville que les protestants recommencèrent leurs prêches et les exercices publics de leur religion comme auparavant.

La mort de François II étant arrivée quelque temps après, l'astucieuse Catherine de Médicis crut prudent de ménager les protestants de Dieppe ; elle vint même en cette ville (fin 1560) accompagnée de l'amiral Coligny et rétablit le sieur Des Forts dans sa charge de capitaine-commandant.

1561. — Les ministres de la province tinrent un synode à Dieppe, où ils arrivèrent le 12 mai 1561 ; on délégua le ministre Saint-Paul pour assister au colloque de Poissy.

Par opposition au synode, et dans le but d'arrêter encore une fois l'élan réformiste, les catholiques firent venir en secret un cordelier nommé Plumctot, qui devait prêcher une mission. Ce cordelier arriva le 22 septembre, et comme il prêchait le jour même dans l'église Saint-Jacques, les protestants informés du fait s'y rendirent ; ayant trouvé les portes fermées ils les défoncèrent, parvinrent jusqu'à la chaire, en firent descendre le prédicateur et le forcèrent à parcourir toutes les rues de la ville où il reçut les plus grossières injures. Ils le retinrent ensuite prisonnier pendant quatre jours et le chassèrent de la ville.

1562. — Par suite de l'édit de janvier 1562, qui accordait aux calvinistes la liberté de conscience, ces derniers se saisirent de toute l'autorité, prirent possession de toutes les églises qu'ils profanèrent et pillèrent; entre autre choses précieuses qu'ils enlevèrent, on cite la grande statue en argent de la Vierge, dont Louis XI avait fait présent. Le pillage s'étendit à toutes les églises du pays de Caux. Le produit en fut employé pour l'entretien et la paie des troupes ainsi qu'à la réparation des fortifications de la ville.

La reine, instruite de la conduite des protestants, renvoya le 5 mai 1562 le duc de Bouillon à Dieppe, mais il n'y pût rester tant la fureur des habitants était grande.

Perdant plus d'un mois, en juin et juillet, la peste désola la ville de Dieppe. Ne pouvant en conséquence faire de grandes courses, les protestants se contentèrent du pillage des églises de Neuville, Étran, Grèges, Ancourt, Bellengreville, Sauchay et Envermeu. Ils essayèrent à plusieurs reprises de s'emparer du bourg d'Arques, mais ils ne purent réussir.

Élisabeth d'Angleterre avait pris parti pour les protestants de Dieppe, et comme elle craignait que Marie de Médicis ne fit assiéger la ville, elle y envoya dans le courant de septembre 1562, 800 Anglais, 120 Écossais, 14 gros canons, 1,500 ducats et quantité de munitions de guerre et de bouche. La troupe anglaise fit la cène dans l'église Saint-Jacques, à l'exclusion toutefois des protestants dieppois, qui n'étaient pas du même rit.

Forts du secours qui leur était arrivé, les Dieppois essayèrent en vain de soutenir les Rouennais; d'un autre côté, Marie de Médicis, craignant qu'ils ne se donnassent à l'Angleterre, les ménagea; la paix se rétablit et le capitaine Des Forts, ainsi que le ministre Saint-Paul, se retirèrent en Angleterre.

Le connétable de Montmorency, arrivé à Dieppe le 2 décembre 1562, rétablit le sieur de Ricarville en sa place de capitaine du château, mais en janvier 1563, Des Forts, accompagné du comte de Montgomery et du capitaine de Briquemont, revint d'Angleterre ; le sieur de Ricarville fut assassiné et le sieur de Bacqueville emprisonné. Le ministre Saint-Paul revint aussi à Dieppe.

On fit, vers cette époque, le chemin de montée du château tel que nous le connaissons aujourd'hui.

1563. — L'édit du 19 mars 1563 ayant rétabli le calme, la reine-mère et Charles IX vinrent à Dieppe dans le courant du mois d'août. Quelque temps après le sieur Bauxoncles-de-Sigognes fut nommé gouverneur de la ville en remplacement du capitaine de la Curée, qui avait succédé au sieur de Ricarville. Ce gouverneur, esprit délié, plein d'adresse, de politique et même de ruse, contribua largement à mettre l'accord entre les protestants et les catholiques, tout en favorisant néanmoins les derniers aux dépens des premiers.

1564. — Le ministre Saint-Paul, de retour à Dieppe depuis 1563, se regardait comme le fondateur de l'église protestante en cette ville, et à ce titre, il prit un ascendant si autoritaire sur ses coréligionaires, que bientôt ils lui préférèrent un sieur Giboult ou Tiboult, né à Creil, qui, de la prêtrise et du doctorat de la Sorbonne, avait passé dans les chaires calvinistes et dnot l'aménité s'opposa à l'âcreté de Saint-Paul.

1565. — Sollicités de nouveau par l'amiral de Coligny, les Dieppois partirent en juin 1565 pour la Floride, mais cette expédition ne fut pas plus heureuse que celle de 1560. Une tempête affreuse engloutit six vaisseaux sur sept, et d'un autre côté, les Espagnols, qui se regardaient comme les seuls maîtres de l'Amérique, traitèrent les Dieppois avec la plus grande barbarie. Le capitaine Jean Ribaut fut écorché tout vivant.

1566. — Le ministre Giboult, ayant abjuré le protestantisme, fut nommé curé de Saint-Jacques, et plusieurs réformés suivirent son exemple, mais le parti protestant était encore le plus nombreux ; il comptait près des cinq sixièmes de la bourgeoisie.

M. de Sigognes, ayant appris que les réformés fomentaient en secret des projets de sédition, fit avertir M. de la Mailleraie, lieutenant-général du roi pour la province, lequel se rendit à Dieppe dans la nuit du 26 au 27 octobre 1566. Informés du fait, les protestants se hâtèrent de prendre la défensive. Après quelques mois d'une lutte acharnée, ils furent obligés de se soumettre ; le maire et les échevins, qui étaient calvinistes, furent remplacés par des catholiques. Les ministres quittèrent la ville et bon nombre de protestants les suivirent.

Content des services du sieur de Sigognes, le roi lui envoya le collier de ses ordres.

1568. — Un brave français, Dominique de Gourgues, se rendit en Floride vers la fin de 1568. Il tira vengeance des Espagnols en faisant pendre ceux qui gardaient le fort enlevé traîtreusement aux Dieppois en 1565.

Malgré l'édit de pacification du 20 mars 1568, le gouverneur, profitant de ce que les ministres s'étaient retirés de la ville, défendit l'exercice public de la religion réformée. Les protestants, quoique nombreux encore, se soumirent non sans murmurer ; ils se contentaient de faire en famille leurs exercices religieux, ou se rendaient au château du Pontrancard, commune d'Ancourt, pour y assister au prêche d'un ministre.

1569. — Après l'édit de 1567, qui défendait l'exercice de toute religion autre que la catholique, il fut unanimement décidé en assemblée générale que tous les enfants seraient baptisés aussitôt après leur naissance. Cet excès de pouvoir irrita les protestants, à tel point que les plus acharnés conjurèrent contre la vie de M. de Sigognes. Ce projet fut déjoué par un sergent nommé Revers, et les principaux conjurés furent envoyés à Rouen où on les condamna à mort.

1572. — Lorsqu'arriva le jour néfaste de la Saint-Barthélemy (24 août 1572), M. de Sigognes, malgré l'opposition qu'il rencontrait de la part des protestants, trouva l'ordre du massacre si odieux qu'il eut garde de s'y conformer. Cet acte sublime de générosité pénétra les catholiques et les protestants de vénération pour le gouverneur. Désormais la paix était faite à Dieppe entre les deux partis.

1574. — Les religieux Minimes furent admis à Dieppe vers cette époque et y fondèrent un couvent.

1576. — Après l'édit de pacification de 1576, rendu par

Henri III, les protestants qui étaient sortis de Dieppe après leur défection de 1567, y revinrent ainsi que plusieurs ministres qui tinrent leur prêche en une maison de la rue du Haut-Pas, nommée le Moutier-Blanc.

1577. — Malgré le traité de Bergerac, signé à Poitiers en septembre 1577, les protestants, grâce à la tolérance de M. de Sigognes, exercèrent librement leur culte, et pendant quelques années le calme et la tranquillité régnèrent dans Dieppe.

1578. — Henri III et la reine vinrent à Dieppe dans le courant de l'année 1578. Par le conseil de ses médecins le roi prit des bains pour guérir certaines gales.

1582. — Le 5 novembre 1582, M. de Sigognes périt d'une chute de cheval; il fut pleuré des catholiques et regretté par la majorité des calvinistes. Son tombeau existe dans la chapelle de la Vierge en l'église Saint-Remy.

1583. — M. de Sigognes fut remplacé dans le mois de janvier 1583 par M. Aimar de Chattes. Digne successeur de M. de Sigognes, il se montra affable, équitable envers tous les citoyens et inflexible vis-à-vis de ceux dont le fanatisme troublait l'ordre, quelle que soit la religion à laquelle ils appartenaient.

1586. — M. de Chattes ayant convoqué en novembre 1586 les notables habitants des deux partis, afin d'étouffer le levain des anciennes discordes, tous demandèrent à vivre comme des frères. Grâce à cette heureuse entente, la navigation et le commerce dieppois reprirent leur ancienne splendeur.

1588. — Le 12 mars 1588, le souverain Henri III ayant été expulsé de Paris par les Ligueurs, M. de Chattes reconnut l'urgence de mettre la place de Dieppe en bon état de défense; il fit appel aux négociants, lesquels fournirent 200,000 livres, qui furent employées à cet effet; on leva six compagnies d'arquebusiers dans le pays de Caux et on construisit sur la côte du Pollet un petit fort sur l'emplacement de l'ancienne Bastille des Anglais.

1589. — Le 7 mars 1589, M. de Chattes, porteur d'un sauf-conduit de la Ligue, eut à Tôtes une entrevue avec M. de Villars, gouverneur de Rouen, pour la cessation des hostilités, mais il ne réussit point. Ayant conféré quelque temps après avec le président du Parlement de Rouen et le gouverneur du Havre, dans le village de Néville, il obtint une trève d'un mois pour les villes de Rouen, Havre et Dieppe. Aussitôt la trève finie, des détachements de ligueurs vinrent piller et dévaster les environs de Dieppe, c'est alors que sentant toute l'importance qu'il y aurait à s'emparer du château d'Arques, tenu par les ligueurs. M. de Chattes usa d'un stratagème habile, qui fut suivi de succès.

La réussite de cette entreprise fut d'autant plus heureuse qu'elle devait donner quelques mois plus tard au roi Henri IV la victoire qui lui facilita la conquête de son royaume.

Peu de jours après cette expédition, deux cents ligueurs s'avancèrent dans le village de Neuville-le-Pollet. Ayant appris que le gouverneur prenait ses dispositions pour les déloger ils se retirèrent sur Criel, où le sieur de la Chênaie, qui les commandait, avait fait un retranchement. Les Dieppois y allèrent si bien que les ligueurs se rendirent à discrétion. Il en fut de même dans les attaques du Bourg-Dun, d'Auffay et Saint-Martin-en-Campagne; de plus, les habitants d'Eu, qui tenaient pour la Ligue, craignant d'être attaqués par les Dieppois, les sollicitèrent de bien vouloir ne les point inquiéter pendant la guerre civile; il y fut adhéré à la condition toutefois que les fonds des tailles de leur élection seraient apportés à Dieppe et qu'ils ne livreraient aucun passage aux ligueurs.

Une attaque sur Saint-Victor-l'Abbaye fut moins heureuse mais non moins glorieuse; le duc d'Aumale, à la tête de trois mille hommes d'infanterie et de cinq cents chevaux, fit éprouver des pertes sérieuses à la petite armée dieppoise, cependant il ne réussit point à la déloger; en présence de la ferme contenance des braves guerriers de cette armée et des renforts qu'elle venait de recevoir, il eut la prudence de reprendre au plus vite le chemin de Rouen.

Le 17 juillet 1589, Henri III écrivit aux citoyens dieppois pour leur témoigner, ainsi qu'au gouverneur, sa grande satisfaction de leur zèle et de leurs services. Trois semaines plus tard ce roi mourait assassiné par un moine fanatique, Jacques Clément.

Deux jours après la mort d'Henri III, le 6 août 1580, les bourgeois de Dieppe, protestants et catholiques, présidés par M. de Chattes, furent les premiers de France qui spontanément reconnurent Henri IV pour roi légitime. Ils dressèrent procès-verbal de cette reconnaissance et l'envoyèrent à ce prince, puis ils continuèrent leur lutte contre les ligueurs. Après les avoir délogés d'Ouville-la-Rivière, où ils s'étaient cantonnés, ils prirent Saint-Valery-en-Caux par escalade et reçurent 700 livres pour rachat du pillage ; les habitants prêtèrent serment de fidélité au Béarnais.

Le roi Henri IV n'ayant pour toute armée que trois mille six cents hommes à opposer aux ligueurs et connaissant les excellentes dispositions des Dieppois, regarda cette ville comme une précieuse ressource et résolut d'y venir. S'étant mis à la tête de deux cents chevaux, il arriva aux portes de la cité le 26 août. M. de Chattes le reçut près de la porte de la Barre et lui remit son gouvernement. « Ventre Saint-Gris, dit Henri, je ne connais personne qui soit plus digne de commander ici que vous. » S'adressant ensuite aux officiers municipaux qui lui présentaient les clefs de la ville, il n'attendit point le compliment d'usage et leur dit : « Mes amis, point de cérémonie, je ne demande que vos cœurs, bon pain, bon vin et bon visage d'hôte. »

Il fut acclamé par tous les habitants sans exception, prit logement à l'hôtel d'Ango et accepta une garde bourgeoise.

Le lendemain, M. de Chattes avec ses braves compagnies, marchait sur Neufchâtel et s'en emparait après deux jours d'attaque.

Henri IV fit demander des secours à Élisabeth d'Angleterre, puis ayant visité les fortifications de la ville et examiné la situation du château d'Arques, il partit le 30 août pour rejoindre sa petite armée qui campait entre Saint-Victor et Clères. Il l'amena à Arques, où elle arriva le 12 septembre, et la fit camper sur le côteau opposé au château, près la chapelle Saint-Étienne, qui existait dans l'enclos de la petite ferme que l'on voit présentement au pied de la pyramide.

Gardé d'un côté par le canon du château, d'autre côté, sur la hauteur, par la forêt et en-dessous par le monticule, au-dessus duquel passe le chemin de Martin-Église, ce côteau était une excellente position défensive. Afin d'en protéger complètement l'attaque, le maréchal de Biron fit exécuter, sur les ordres du roi, deux bouts de retranchement : un du côté de Martin-Église et l'autre du côté d'Archelles.

Le soir du même jour, 12 septembre, l'armée du duc de Mayenne prenait position entre Thibermont et Neuville. M. de Chattes en étant informé, s'empressa de mettre la ville en bon état de défense. Le village de Neuville, moins l'église et deux maisons en briques, fut rasé complètement afin de pouvoir suivre les mouvements des ligueurs, puis on éleva une redoute au mont de Neuville (fort Châtillon). Henri IV vint visiter cette redoute, et l'ayant trouvée insuffisante, il la fit renforcer ; hommes et femmes du Pollet y travaillèrent avec une telle ardeur que le 14, dans la nuit, tout était terminé ; il était temps, car Mayenne et un détachement de son armée débouchaient le lendemain matin à travers le village de Neuville et attaquaient ce retranchement avec beaucoup de vigueur. Ce fut en vain. Après avoir perdu plus de six cents hommes, ils se retirèrent dans leur camp de Thibermont.

Pendant l'attaque du Pollet, l'officier général qui commandait l'autre partie des ligueurs, s'empara du village de Martin-Église et du passage de la rivière d'Eaulne. Le maréchal de Biron, gardien du côteau d'Archelles, s'apercevant de ce mouvement, fit attaquer les ligueurs qui furent repoussés ; ils laissaient plus de quarante morts et autant de blessés sur la place. M. de Sully contribua largement au succès de ce combat.

Sachant qu'on devait attaquer le camp de Saint-Étienne le 22 septembre, Henri IV quitta Dieppe le 21, et, dès le point du jour du 22, il donna l'ordre d'explorer la partie de la forêt qui dominait son camp ; ses soldats lui amenèrent prisonniers : le sieur Faudoas, comte de Ribis, sous-gouverneur de Paris, pour la Ligue, ainsi que la petite troupe qui l'accompagnait.

L'attaque prévue eut lieu d'abord au bas du côteau, au delà et le long du chemin de Martin-Église à Arques, puis du côté d'Archelles. La lutte fut des plus laborieuses. Deux circonstances imprévues facilitèrent la réussite de l'armée royale : d'une part, un brouillard épais qui empêchait les ligueurs de voir le peu de monde qui la composait, et, d'autre part, l'empêtrement de la cavalerie ennemie dans les alluvions de la prairie.

Le brouillard s'étant dissipé, le gros de l'armée des ligueurs se porta en masse sur le camp d'Henri IV ; aussitôt le canon du château d'Arques en éclaircit les rangs, Mayenne déconcerté fit sonner la retraite ; il avait perdu au moins quinze cents hommes.

Le lendemain, le roi ayant largement renforcé la garnison d'Arques, rentra dans Dieppe avec son armée, à l'exception toutefois de la cavalerie et des volontaires de la ville. Ces braves guerriers, informés qu'un convoi de munitions envoyé d'Aumale devait arriver la nuit même au camp des ligueurs, allèrent l'attendre dans un passage où ils comptaient l'enlever. Bien leur en prit, car le surlendemain ils entraient dans Dieppe avec quarante prisonniers et vingt-trois charrettes chargées de munitions.

Après le départ de l'armée royale du retranchement de Saint-Étienne, Mayenne tenta de s'emparer du château d'Arques, mais ce fut en vain ; il fit alors chercher un gué pour passer de basse eau le canal des trois rivières réunies ; on lui en trouva un très sûr vis-à-vis d'Étran, et, dans la nuit du 24 au 25, son armée traversa la vallée. Une partie gagna les hauteurs de Janval et le gros de l'armée occupa le hameau de Saint-Pierre-d'Épinay. Comme Henri IV faisait fortifier le mont de Caux (Caude-Côte) et qu'après avoir visité les travaux il se reposait sur la pelouse avec quelques seigneurs, un détachement de ligueurs arriva à l'improviste, tout près de cet endroit, et fit une décharge sur le groupe royal. Personne ne fut blessé. Henri IV fit aussitôt porter ses troupes de ce côté et donna ordre d'attaquer. Les positions prises par les ligueurs paraissaient devoir leur être favorables, mais le courage et la valeur héroïque de l'armée dieppoise firent tant et si bien que Mayenne ne fut pas plus heureux à l'Occident qu'il ne l'avait été à l'Orient ; de plus, des renforts successifs arrivèrent d'Angleterre, et il se vit obligé de lever définitivement son camp. Le gros de son armée se dirigea sur Ivry.

Henri IV, vainqueur et fort des secours qu'il avait reçus, quitta Dieppe le 5 octobre avec son armée pour aller rejoindre celle de Mayenne. Il laissa à M. de Chattes le soin de guerroyer contre les détachements de ligueurs qui étaient restés et ravageaient les campagnes voisines. M. de Chattes et ses braves Dieppois en eurent bien vite raison, puis ils se hâtèrent d'aller rejoindre le roi à Ivry. Ils y arrivèrent le 13 mars 1590, au nombre de quatre cents hommes de cavalerie ordinaire. Les ligueurs furent encore vaincus.

1590. — Le roi, reconnaissant des bons services des Dieppois, leur donna, par lettres patentes du 15 du même mois, 10,000 livres à prendre sur la ferme des traites pendant neuf ans.

Le 22 octobre suivant, plusieurs navires chargés de 36 milliers de poudre, 3,000 mines de sel et 80,000 livres d'argent entrèrent dans le port de Dieppe ; c'était un prêt officieux que les États de Hollande faisaient au roi. Ces munitions déchargées sur neuf chariots, furent escortées jusqu'à l'armée royale par M. de Chattes et la cavalerie ordinaire de la ville.

1591. — Une trêve fut signée avec les gens du Havre et ceux de Rouen.

Le 15 juin de cette année (1591), Henri IV vint voir ses bons Dieppois. Il séjourna dans la ville jusqu'au 22.

Le 21 août, un renfort de soldats anglais, commandés par le comte d'Essex, débarqua à Dieppe. M. de Chattes accompagna cette troupe jusqu'à l'armée royale. Chemin faisant il délogea plusieurs partis de ligueurs qui occupaient quelques villages situés entre Dieppe et Rouen.

En septembre, M. de Chattes escorta encore quelques convois de munitions de guerre que les Dieppois envoyaient à l'armée d'Henri IV, qui faisait le siège de Gournay.

En octobre, une petite flotte dieppoise porta de nouvelles munitions à l'armée royale qui assiégeait Saint-Valery-sur-Somme.

1592. — Plusieurs envois successifs furent encore faits jusqu'en janvier 1592.

Le 8 février 1592, Henri IV vint à Dieppe et fit cantonner une partie de son armée dans la ville et dans les environs. Il resta dix jours avec *ses bons Dieppois*, comme il les appelait, et y acheva la guérison de la blessure qu'il avait reçue au siège d'Aumale.

Après le départ du roi, quelques compagnies de ligueurs vinrent ravager les campagnes voisines ; les Dieppois se firent, comme toujours, un devoir de guerroyer contre eux.

Cernés un jour dans le village d'Offranville, où les ligueurs les avaient surpris, les Dieppois essuyèrent d'abord un échec qui coûta la vie et la liberté à quelques-uns d'entre eux, mais les secours leur arrivèrent à temps et les ligueurs furent défaits.

1593. — Quelque temps après ils les délogeaient de la position qu'ils avaient prise dans le bourg de Saint-Saëns.

Quoique les Dieppois travaillassent ardemment au triomphe de la cause royale, ils ne négligeaient pas leurs affaires commerciales, leurs vaisseaux se rencontraient aux Indes, en Afrique et en Amérique. Un d'eux apporta, le 12 juin 1593, un éléphant de dix ans, bien vivant. Les ivoiriers en tirèrent bon parti.

Le 25 juillet, même année, Henri IV ayant embrassé le catholicisme, les luttes contre les ligueurs cessèrent; l'édit de Nantes, rendu le 13 avril, acheva de pacifier la France.

1595. — Les capucins fondèrent un établissement dans Dieppe en 1595.

DIX-SEPTIÈME SIÈCLE

1600. — Le première pierre d'un temple protestant fut placée le 6 juin 1600. Ce temple était situé au hameau de Caude-Côte, il avait 32 mètres de longueur sur 24 de largeur. Mal construit, il s'écroula en 1604.

Vers cette époque, un amateur dieppois, le sieur Chauvin, vu l'importance que prenait le commerce de Dieppe en Amérique, essaya d'établir une colonie à quatre-vingts lieues en amont du fleuve Saint-Laurent (Canada), mais son entreprise échoua[1].

1603. — Le 13 mars 1603 la mort vint frapper l'honorable M. de Chattes ; ce fut une très grande perte pour la cité dieppoise. Il fut remplacé par le fils de M. de Sigognes, ancien gouverneur.

1606. — On reprit en 1606 le projet d'un établissement colonial au Canada, des négociants de Dieppe et de Rouen s'entendirent à cet effet, et une petite flotte, commandée par le capitaine Champelain, partit de Dieppe en mai 1608. L'endroit choisi en 1600 par Chauvin n'ayant pas été jugé convenable, la flotte remonta le fleuve Saint-Laurent jusqu'à l'endroit où il se rétrécit beaucoup, elle y débarqua, y bâtit quelques cabanes et appela ce lieu Québec. Le terrain fut défriché, ensemencé de céréales,

---

[1] Le chien favori d'Henri IV, Fanor, ayant été mordillé par un autre que l'on supposait enragé, fut envoyé à Dieppe, où on lui fit prendre des bains.

et divers échanges eurent lieu avec les sauvages : l'ère de prospérité désirée par les colons commençait.

1609. — Le capitaine Champelain revint à Dieppe à la fin de 1609. Les négociants, satisfaits de l'heureux résultat de l'entreprise, armèrent de nouveau pour le Canada, qui devint pour eux une source d'abondantes richesses.

Le 1er avril 1609, il fut teuu nn synode dans le nouveau temple protestant que l'on avait construit dans le haut du faubourg de la Barre et qui était terminé en septembre 1608.

Le 5 juillet 1609, la compagnie d'arquebusiers de la ville donna, avec la permission du roi, un tir d'honneur. Les plus habiles arbalétriers, de trente lieues au loin, se rendirent à Dieppe, où on les reçut fort bien. Le prix de ce tir consistait en un navire de quatre mètres, dont les mâtures et les agrès étaient ornés de magnifique vaisselle d'étain, il était porté sur un berceau à quatre roues. Ce navire valait environ 4,000 francs. Longtemps disputé, il échut à un officier canonier de Dieppe, Charles Bouffard, avec obligation de remettre 120 francs à un arbalétrier de Beauvais qui lui avait longtemps disputé la victoire.

Ce tir d'honneur eut lieu pendant quelques années, le troisième dimanche de mai. On plaçait sur le clocher de l'ancienne église Saint-Rémy, un très petit oiseau couvert d'un écusson de la grandeur d'une balle, et le tireur qui avait l'adresse de l'abattre, recevait un prix de 120 francs.

1610. — Le 14 mai 1610, Henri IV ayant été assassiné par l'infâme Ravaillac, la nouvelle de cette mort causa

une douleur profonde dans toute la France et particulièrement à Dieppe ; les citoyens rugissaient de colère contre
le régicide ; tous les travaux cessèrent et les braves Dieppois ne furent pendant plusieurs jours occupés que de
leur douleur.

1611. — L'estimable gouverneur, M. de Sigognes, mourut le 16 avril 1611. Il eut pour successeur M. Monceau
Villers-Oudan, qui prit possession de la place le 23 du
même mois.

1612. — Les Hollandais, informés par un subterfuge
du commerce important que faisaient les Dieppois dans
les îles Moluques [1], jalousèrent cette prospérité, et, profitant de ce que leur nation possédait une marine sans
rivale, ils interceptèrent toutes les communications avec
ces îles. Les armateurs de Dieppe se virent forcés d'abandonner la branche la plus lucrative de leur navigation.

1613. — Henri IV ayant dispensé les Dieppois de payer
les deux tiers du droit qu'on levait dans tous les ports de
France sur les marchandises venant de l'étranger, il
arriva qu'en 1613 les commis des fermes exigèrent la
totalité des droits. Le peuple irrité s'ameuta et chassa les
commis de la ville. Les échevins excusèrent cette rébel-
lion auprès de la reine, en disant que les commis avaient
refusé de communiquer aux habitants l'ordre de percevoir le droit dans son entier. La reine pardonna, mais la
perception du droit entier fut maintenue.

[1] Iles aux épices.

En août 1613, la reine accorda le droit de franc marché pour le premier jeudi de chaque mois.

1614. — Les Carmélites fondèrent un établissement dans Dieppe.

1618. — Le 28 novembre 1618, Louis XIII, accompagné du duc d'Orléans et de plusieurs seigneurs, vint à Dieppe où il séjourna deux jours. La réception fut des plus brillantes.

Le gouverneur, M. Villers-Oudan, fut remplacé par le sieur de Montigny.

1619. — Établissement des Jésuites dans Dieppe.

Pendant les troubles qui éclatèrent en 1619, le duc de Longueville, gouverneur de Normandie, ayant pris parti contre le roi, choisit Dieppe pour sa place d'armes. Les Dieppois, conseillés par le capitaine Saure, restèrent fidèle à Louis XIII.

1622. — Les protestants, qui depuis longtemps étaient animés de l'esprit de concorde, refusèrent de s'acquitter du service militaire et de leurs devoirs de citoyens ; mal leur en prit car on les obligea à solder ceux qui montaient la garde à leur place.

1624. — Par suite d'un traité conclu par la France avec la Hollande contre l'Espagne, des corsaires d'Ostende, d'Anvers et de Dunkerque, en profitèrent pour courir les mers ; ils essayèrent d'enlever les vaisseaux de Dieppe qui revenaient des côtes lointaines, mais ils ne réussirent point.

En cette même année, le capitaine dieppois Diel-de-Nambuc et le capitaine anglais Vaerner, abordaient le même jour à l'île américaine de Saint-Cristophe. Cette île, devenue propriété franco-anglaise, fut entièrement cédée à l'Angleterre, lors de la paix de Ryswick, en 1697.

C'est aussi à cette époque que le capitaine de Nambru prit possession des îles de la Martinique et de Saint-Vincent.

Deux autres capitaines, Aline et Duplessis, se rendaient maîtres de la Guadeloupe.

1625. — Établissement des Ursulines dans Dieppe.

1626. — Le 21 mars 1626, le Conseil accorde à la ville de Dieppe un arrêt l'autorisant à doubler ses octrois et en ordonnant le tarif.

1627. — Jaloux de l'importance que prenait la marine anglaise, les corsaires dieppois firent la chasse aux vaisseaux marchands de cette contrée et en capturèrent un grand nombre. Un sieur Thomas Langlois en prit à lui seul près de vingt, valant environ 1,600,000 livres.

1630. — Une expédition sur les côtes de Malabar, de Coromandel et aux bouches du Gange, commandée par le capitaine Régimon, rapporta un profit immense aux armateurs et à l'équipage.

Dans la même année, une cargaison de souliers communiqua la peste à Dieppe et la contagion y fit de grands ravages. Délivrés de ce fléau, les habitants portèrent à l'église Notre-Dame-de-Liesse un navire d'argent portant cette inscription en lettres d'or : *Vœu public de Dieppe.*

1635. — Les corsaires dieppois prirent à cette époque le nom de flibustiers. On était alors en guerre avec l'Espagne ; comme d'une part, la prépondérance que cette nation s'était arrogée en Amérique déplaisait aux Dieppois, que d'autre part ils ne pouvaient oublier l'indigne traitement que les Espagnols avaient fait endurer à Jean Ribaut, en 1565, les flibustiers, conduits par Legrand, coururent aux vaisseaux espagnols, ils capturèrent un riche galion, qui entra dans le port de Dieppe en mai 1636.

1637. — Deux gros vaisseaux, commandés par le capitaine Lambert, abordèrent au Sénégal sur la fin de 1637, y construisirent un fort et fondèrent la colonie que nous possédons encore ; ils le firent avec d'autant plus de succès que Richelieu avait accordé aux Dieppois le privilège exclusif pour la traite des nègres, sous la dénomination de Compagnie du Sénégal. Le capitaine Lambert établit une espèce d'entrepôt dans l'ile Saint-Vincent du cap Vert[1].

1639. — Le gouvernement de Dieppe, devenu vacant à la mort de Guillaume de Montigny, arrivée en 1639, échut au sieur de Torcy.

1640. — Établissement à Dieppe des Dames de la Visitation de Sainte-Marie.

---

[1] Le 24 février 1637, jour du mardi gras, le négrier *Marie*, en rade sous Caude-Côte, fut incendié.

1642. — M. de Torcy, gouverneur, fut remplacé par Philippe de Montigny, fils de Guillaume.

1646. — Sur la demande d'Anne d'Autriche, une flotte de douze gros vaisseaux et de cinq à six petits, fut équipée pour aller devant le port de Dunkerque, que le jeune duc d'Enghien assiégeait. Cette flotte arriva à destination le 26 septembre 1646; elle facilita si bien la prise de la place que la reine fit féliciter les Dieppois et en particulier le capitaine Claude Dablon.

1647. — Anne d'Autriche et son fils, âgé de dix ans, séjournèrent à Dieppe du 3 au 9 août; leur réception ne fut pas moins brillante que ne l'avait été celle de Louis XIII. On leur donna le spectacle d'un combat naval, dans lequel se distingua le jeune Duquesne, qui fut honoré du brevet de chef d'escadre.

Les fêtes des Mitouries, établies en 1443, furent supprimées.

Il ne reste plus que la foire d'août pour perpétuer le souvenir de la prise de la Bastille (14 août 1443).

1649. — Le 26 octobre 1649, un navire en partance pour l'île Saint-Cristophe fut incendié sous la falaise de Caude-Côte.

Vers cette époque, une manufacture de serge, façon de Florence, qui subsistait depuis deux cents ans, cesse ses travaux.

Établissement d'un prieuré de Bénédictines.

1650. — Le duc de Longueville, ainsi que les princes de Condé et de Conti, accusés de conspirer contre le pouvoir royal, furent arrêtés le 18 janvier 1650. Il se forma alors un parti d'opposition au gouvernement (la Fronde). La duchesse de Longueville, sœur du prince de Condé, après avoir essayé vainement d'entraîner les Rouennais dans son parti, vint à Dieppe ; le gouverneur, M. de Montigny, qui lui était tout dévoué, lui remit la citadelle et le château. Elle avait compté sans les Dieppois, qui, toujours fidèles à leur souverain et justement irrités de cette félonie, déclarèrent le sieur de Montigny déchu de ses droits de gouverneur. Puis ayant fait courir le bruit que le roi était aux portes de la ville, la duchesse, prise de peur, s'enfuit du château par la porte du Secours et se retira à Pourville, où elle s'embarqua pour l'Angleterre. M. de Montigny fut remplacé par M. Duplessis-Bellières.

1651. — Le duc de Longueville étant rentré en grâce, M. de Montigny reprit le commandement de la ville.

1652. — Le médecin Pecquet fit la découverte du canal torachique, qu'on appela de son nom, *réservoir de Pecquet*. Ce savant écrivit, entre autres ouvrages, un *Traité sur les veines lactées*.

1653. — La Cour des aides rendit un arrêt qui condamna les bouchers du Pollet à payer, comme ceux de Dieppe, l'octroi sur leurs suifs.

Dans le courant de la même année, le Parlement condamna au feu le livre qu'un ministre protestant de Dieppe, M. Fouguebergue, publia contre le Jubilé. D'abord en fuite, ce ministre fut mis en demeure de venir faire la rétractation de son livre, en l'audience du bailliage d'Arques, puis il reprit ses fonctions.

1655. — Établissement des Carmes déchaussés dans Dieppe.

1659. — Le 24 avril 1659, les fils du duc de Longueville, les comtes de Dunois et de Saint-Paul, arrivèrent à Dieppe avec leur gouverneur. On les reçut fort bien et ils en témoignèrent leur satisfaction aux habitants.

1660. — Les protestants voulant relever le zèle ébranlé de leurs corréligionnaires, surtout depuis l'affaire du ministre Fouguebergue, résolurent de tenir un synode à Dieppe, le 26 mai 1660, mais les échevins, prévoyant une révolte, les prièrent de renoncer à ce projet. Ce sage conseil ne fut pas écouté, et le 25 mai, cinquante ministres arrivaient en ville. Les tristes prévisions des échevins se réalisèrent ; près de douze cents élèves du collège s'ameutèrent, on insulta les ministres et des adresses injurieuses furent affichées aux portes des maisons où ils logeaient. Le gouverneur fit promptement rétablir l'ordre, mais l'imprudence de quelques jeunes calvinistes ralluma le feu de la révolte ; ayant insulté quelques étudiants qui se rendaient au collège, ceux-ci, bientôt renforcés de la plupart de leurs camarades, se portèrent à de tels excès que les ministres quittèrent la ville au plus tôt. Le gouverneur fit fermer le collège pendant un mois et l'ordre fut rétabli.

1661. — Une nouvelle révolte éclata le 20 juin 1661, ce n'était plus la cause religieuse qui était en jeu, mais les intérêts des habitants. Quelques poissonnières ayant été informées qu'un monopoleur était en ville et devait percevoir un droit sur le blé, qui était très cher alors, elles se soulevèrent. Conduites par la plus hardie d'entre elles, surnommée le *Cheval échappé*, elles parcoururent la ville, ameutant la population qui força le domicile des receveurs, pilla les meubles et enleva quelques sacs d'argent. Cette déplorable sédition fut arrêtée au moment où les révoltés pillaient le bureau de l'octroi. Un des principaux émeutiers, nommé Peltier, homme du plus triste acabit, fut pendu et quelques autres fustigés. On ne sait ce qu'il advint au *Cheval échappé*.

1665. — Le 18 juillet 1665, le nouveau gouverneur de la province [1] fit à ce titre son entrée dans Dieppe.

1667. — Le 27 octobre 1667, le roi rendit un arrêt confirmant la compétence de la police à l'hôtel de ville, la préséance du corps municipal sur tous les autres fut aussi réglée ainsi que le nombre et la qualité de ceux qui devaient le composer.

L'ordre à tenir dans les élections et les assemblées fut réglé par le même arrêt.

1668. — Par lettres patentes du 18 janvier 1668, le roi ordonna l'établissement d'un hôpital général à Dieppe.

Un arrêt du 12 mars suivant maintint les bourgeois et les pêcheurs en leur droit de hottage, liberté et franchise de vendre leur poisson dans Dieppe.

En août, même année, la peste fut apportée de Rouen à Dieppe dans un sac de procédures qu'un dieppois fit retirer de chez son procureur, mort à Rouen de ce mal. Près de huit mille personnes (7,917) périrent victimes de ce

---

[1] M. de Montausier, successeur de M. de Longueville.

fléau, qui dura longtemps. Il ne cessa entièrement que dans l'hiver de 1670.

1669. — Le savant professeur d'hydrographie, Guillaume Denys, de Dieppe, publia son livre intitulé *Tableau des déclinaisons du soleil et des étoiles*. Il publia encore un Traité sur les latitudes et un autre sur les variations de l'aiguille aimantée.

1671. — Quelques dames de la cour vinrent se baigner à Dieppe pour se prémunir contre la rage.

1672. — Le ministre Colbert vint à Dieppe, examina le port et en trouva la situation si avantageuse qu'il proposa à la municipalité de faire creuser le chenal vis-à-vis de l'endroit où les eaux de la rivière se jettent dans l'arrière-port. « Vous auriez, leur dit-il, un des plus beaux ports du royaume et je puis vous assurer, de la part du roi, le paiement de la moitié des fonds si vous voulez y contribuer pour l'autre moitié. »

Il sera toujours regrettable que la majorité des conseillers ait décidé que la ville n'était pas en état de faire une aussi grande dépense.

1673. — Quoique la France eut à rougir plusieurs fois des excès commis par les flibustiers dieppois, le gouvernement fit néanmoins appel à leur courage pour soutenir la lutte contre les colonies hollando-espagnoles. Ils prirent part à l'expédition dirigée contre la ville de Curaçao. Dans l'attaque de Tabago, l'amiral Destrées disposait de douze cents barques de flibustiers. C'est encore à la suite des flibustiers que Grammont pilla la ville de Campêche ;

le produit de ce pillage fut évalué à plus d'un million.

1675. — Le 9 février 1675, l'amiral Duquesne battit l'armée navale d'Espagne.

Le gouverneur de Dieppe, M. de Montigny, mourut en mai 1675, on le remplaça par le sieur de Montulé.

1676. — L'amiral Duquesne se battit avec succès devant Messine, contre le célèbre amiral hollandais Ruyter, qui trouva la mort dans cette lutte.

1678. — M. de Montulé, gouverneur, mourut dans les premiers jours de l'année 1678. Son successeur, M. Quentin Mahaut de Tierceville, prit le gouvernement de la ville le 1er février [1].

1681. — Le marquis de Seignelay, fils et successeur de Colbert, vint à Dieppe en 1681. Il renouvela la proposition de 1672, mais il essuya le même refus.

1684. — Le gouvernement de Dieppe resta jusqu'en 1684 sous la dépendance de celui de la province, mais à partir de cette date, il releva directement du roi. M. de Tierceville, gouverneur, fut nommé lieutenant du roi à Dieppe, et M. le comte de Manneville prit à sa place le gouvernement de la ville.

1685. — La révocation de l'Édit de Nantes causa à Dieppe une pénible impression, la plupart des protestants s'enfuirent en Angleterre et en Hollande.

---

[1] Établissement d'un séminaire en janvier 1682. Il fut incendié en 1694 et comptait vingt-cinq à trente séminaristes.

1686. — A l'acte impolitique de la révocation de l'Édit de Nantes, succéda l'arrêt qui ordonnait la démolition des fortifications de toute cité possédant un temple. La ville de Dieppe était de ce nombre, et ce n'est pas sans douleur qu'elle subit ce coup d'autorité arbitraire.

1688. — Le roi détrôné d'Angleterre, Jacques II, et la reine séjournèrent quelques jours à Dieppe en attendant que le château de Saint-Germain-en-Laye, mis à leur disposition par Louis XIV, fut en état de les recevoir.

1689. — Les Dieppois envoyèrent 40,000 écus à Louis XIV, pour l'aider à soutenir la lutte qu'il avait entreprise en faveur de Jacques II.

1690. — Le ministre protestant Cartaut fit abjuration du calvinisme en l'église Saint-Remy.

1692. — Le 17 mars 1692, M. de Tierceville, lieutenant du roi, mourut ; sa place fut donnée à M. le comte de la Boissière.
Le phare construit vers 1374 fut démoli le 9 septembre 1692.

1693. — Pendant près de quatre mois, la disette de l'année 1693 se fit cruellement sentir à Dieppe. Ce ne fut qu'en mai 1694 que des vaisseaux chargés de blé et d'orge entrèrent dans le port et apportèrent la vie où était la mort.

1694. — L'année 1694 fut des plus néfastes pour Dieppe. A cette date les Anglais et les Hollandais, en guerre avec la France, rivalisaient d'efforts contre notre nation, et, comme la défaite de la Hogue leur avait donné toute prépondérance sur la Manche, la défense des ports du littoral devenait, à vrai dire, impossible. Jalousant depuis longtemps la prospérité du commerce maritime de Dieppe, ils dirigèrent leur flotte vers ce port, en vue duquel ils arrivèrent le 16 juillet 1694. Ce même jour, le capitaine Beaujeu, commandant d'un corsaire dieppois, pénétrait dans la ville, emmenant avec lui la capture d'une frégate anglaise de douze canons.

Du 21 au 23 juillet, les galiotes ennemies jetèrent des bombes sur la ville, le canon du château riposta mais sans aucun succès ; les bombes exercèrent de si grands ravages que la ville, bâtie en bois, fut en grande partie détruite et ruinée. Après ce désastre, les négociants et les marins allèrent s'établir à Rouen, au Havre, à Nantes et à la Rochelle. Cette désertion causa au commerce dieppois un préjudice dont il ne s'est pas encore relevé.

Parmi les établissements importants qui furent détruits, il convient de citer une manufacture de tannerie très considérable et la première manufacture des tabacs.

Les églises Saint-Jacques et Saint-Remy furent très endommagées ; elles portent encore aujourd'hui les traces de ce bombardement.

1695. — Par arrêt du 8 mars 1695, le roi ordonna la reconstruction de la ville en briques et sur un plan uniforme.

1697. — Les flibustiers soutinrent les troupes françaises sous les murs de Carthagène.

DIX-HUITIÈME SIÈCLE

1700. — Après la paix de Ryswich, les Dieppois essayèrent de reprendre leurs navigations d'Afrique et d'Amérique, mais ce projet échoua par suite de la guerre de 1701 qui dura jusqu'en 1713. L'heure de la décadence avait malheureusement sonné pour cette ville, qui, par ses découvertes et les travaux de ses habitants, fut pendant si longtemps l'une des plus florissantes du monde entier.

1701. — Un arrêt du 7 juin 1701 débouta le juré-crieur de faire les cris de la vente du poisson.

Quoiqu'en guerre avec l'Angleterre, les habitants, protégés par mylord Malborough, obtinrent la liberté de la pêche.

1709. — L'hiver de 1709 fit sentir sa rigueur à Dieppe comme partout ailleurs, cependant la disette qu'il occasionna eut des effets moins désastreux qu'en 1673. Par suite d'un arrêt du Conseil, sollicité par la municipalité, on accordait une gratification de 80 francs sur chaque muid de blé apporté en ville. Grâce à cette mesure, l'approvisionnement se fit si largement qu'on en expédia dans bon nombre de villes de la province ; elle procura, de plus, beaucoup de travail aux ouvriers pour les chargements et les déchargements.

La neige tomba pendant cet hiver en telle quantité que de mémoire d'homme on en n'avait jamais vu chose pareille à Dieppe. Dans la nuit du 2 au 3 février, les rues en étaient couvertes jusqu'à la hauteur de trois mètres.

1711. — La vente du poisson qui avait lieu dans la rue dite aujourd'hui de l'Ancienne-Poissonnerie, fut transférée en la place qu'elle occupe encore près des Arcades.

1712. — Établissement des sœurs d'Ernemont à Dieppe.

1714. — Une affreuse tempête s'étant déchaînée sur le littoral le 25 février, le navire la *Reine-des-Indes*, qui apportait une riche cargaison, s'engloutit sur la falaise de Caude-Côte.

1715. — Une Compagnie ayant obtenu le privilège exclusif de vendre dans Dieppe les eaux-de-vie, les vins, les liqueurs et le vinaigre, les officiers municipaux, reconnaissant que tout commerce exclusif était préjudiciable aux intérêts de la ville, sollicitèrent du gouvernement la révocation de ce privilège. Satisfaction leur fut donnée par arrêt du 30 septembre 1715.

1718. — Le clergé du Pollet, dirigé par l'abbé Heuzey, étant accusé de jansénisme, messire d'Aubigné, archevêque de Rouen, le frappa d'interdit, mais les Polletais s'insurgèrent contre cette mesure. L'archevêque étant venu à Dieppe, dans la semaine de Pâques, ils se rendirent au nombre de trois à quatre mille à l'église Saint-Jacques, où le prélat présidait une assemblée de curés et le sommèrent de leur rendre leurs prêtres. M. d'Aubigné, sans leur répondre, se réfugia dans la sacristie, puis sortit de l'église.

Le Polletais déssappointés voulurent se venger par la violence; sachant que l'archevêque devait se rendre à Eu, ils l'attendirent sur le pont du Pollet avec l'intention de le jeter à la mer avec sa voiture. Le prélat, informé de leur dessin, sortit de la ville par la porte de la Barre et gagna Eu par la route d'Arques. L'interdit ne fut levé qu'en mai 1719, après la mort de M. d'Aubigné, arrivée le 22 avril précédent.

1719. — La survivance du gouvernement de Dieppe fut donnée au fils de M. de Manneville.

1723. — De Clieu transporta le caféier à la Martinique et réussit à le naturaliser dans cette colonie. En 1775, la France recevait de la Martinique 96,889 quintaux de café. La production actuelle est beaucoup plus considérable.

1725. — La disette se fit de nouveau sentir en France, mais grâce aux sages mesures des officiers municipaux, les habitants pauvres de Dieppe n'eurent point à souffrir comme partout ailleurs.

Le 18 juillet 1725, un ouragan furieux arracha et démolit une partie des jetées.

1727. — Le 4 mars 1727, l'hôtel de ville obtint un arrêt du Conseil qui condamna les fermiers généraux au paiement des droits de quayage pour leurs tabacs.

1728. — Un arrêt du 22 janvier 1728 supprima le monopole de la vente du bois de corde et en régla le prix à 18 francs la corde (2 stères), livrée en ville.

1729. — Établissement des Frères de la doctrine chrétienne.

Reconstruction de la Manufacture des tabacs.

1732. — Un arrêt contradictoire du Parlement maintint aux habitants le droit de déclaration de leurs prêches pour eux, leurs enfants et domestiques.

1741. — Par suite de la mauvaise récolte de 1740, la disette sévit encore en France, la municipalité, toujours soucieuse d'amoindrir les maux de ses administrés trouva, comme en 1709 et 1725, le moyen d'approvisionner la ville.

1742. — A partir du règne de Charles VII jusqu'à celui de Louis XIV, les jeunes gens de Dieppe avaient été dispensés de tirer au sort pour la milice, mais en 1742, le commissaire de la guerre, pour la généralité de Rouen, exigea que la ville de Dieppe rentre dans le droit commun.

1743. — Le dernier des flibustiers dieppois, Sevault, surnommé la *Vera-Cruz,* mourut en l'année 1743.

1744. — La guerre s'étant de nouveau déclarée avec l'Angleterre, on se hâta de remettre en état toutes les batteries de la ville et particulièrement celles qui la défendaient du côté de la mer. Ayant reconnu qu'elles étaient trop éloignées du rivage, on les construisit à l'endroit où elles sont aujourd'hui [1].

[1] De 1744 à la paix d'Aix-la-Chapelle (1749) les Dieppois furent en proie à la plus affreuse détresse et à des angoisses continuelles.

1750. — Le gouverneur de Dieppe et d'Arques, M. le marquis de Manneville (fils), mourut en son château de Manneville le 30 octobre 1750 ; il fut le dernier gouverneur qui présida les assemblées de l'hôtel de ville.

1751. — M. le marquis de Salières, successeur de M. de Manneville, fit son entrée dans la ville le 16 décembre 1751.

Depuis un siècle les fonctions de maire, qui étaient remplies alternativement par le lieutenant-général du baillage d'Arques et le bailli de la haute justice de la ville, cessèrent.

A la demande des principaux bourgeois, le roi rendit un édit ordonnant l'élection d'un maire, M. Aprix de Moriennes fut élu le 23 décembre 1751.

1753. — Le baillage royal d'Arques obtint un arrêt par lequel la préséance lui était accordée sur celui de l'hôtel de Dieppe.

1756. — M. de Mailly de Rubempré succéda à M. de Salières dans le gouvernement de Dieppe, à titre honorifique seulement, car il mourut en 1767 sans avoir pris possession de sa charge.

Les Dieppois voyaient avec bonheur renaître la prospérité en leur ville quand éclata la funeste guerre de 1756 ; elle dura sept ans et replongea la cité dans de nouveaux malheurs ; les vaisseaux qui croisaient sans cesse dans la rade arrêtèrent le commerce et la pêche, cette ressource si précieuse des villes maritimes ; de là, grande misère parmi le peuple.

1763. — L'entrée du port se trouvant obstruée par une quantité considérable de galets, on établit des écluses de chasse et on construisit un nouveau chenal. Ces travaux ne furent complètement terminés qu'en 1780.

L'empressement des Dieppois à remettre leur port en bon état, aussitôt la guerre terminée, caractérise bien le peuple français, qui, malgré ses désastres, se relève toujours avec une vie nouvelle.

1768. — M. de Mailly, gouverneur honorifique de Dieppe, étant mort en 1767, on lui donna pour successeur M. de Tourville ; il fut le dernier des gouverneurs de la ville.

1774. — Les bateaux dieppois prirent, en 1774, une telle quantité de harengs sur les côtes d'Écosse, que les pêcheurs en donnaient dix mille pour une bouteille de genièvre.

1775. — Le phare d'Ailly, situé sur le territoire de la commune de Sainte-Marguerite-sur-Mer, fut construit en 1775 par les soins de la Chambre de commerce de Dieppe.

1777. — Le 31 août 1777, le pilote Bouzard accomplit un acte de sauvetage héroïque en arrachant à une mort certaine seize matelots d'un navire échoué à l'entrée du port.

1778. — Bouzard fut présenté au roi Louis XVI le 6 janvier 1778. Un peu plus tard Napoléon ordonna qu'on lui construisit une maison près de la jetée de l'ouest[1].

---

[1] Elle a été inaugurée le 15 août 1846.

Cette modeste demeure a existé jusqu'en 1856. Le brise-lames a été établi sur son emplacement.

En ladite année 1778, le gouvernement autorisa la ville à construire un établissement des bains. Il fut édifié sur l'emplacement actuel de l'hôtel Royal.

1793. — A la date du 18 février 1793, le citoyen Hamel mit à la voile le premier corsaire dieppois, et le 11 mars suivant, le capitaine corsaire, David Drouault, capturait deux galiotes hollandaises, il en capturait trois autres en avril, puis encore trois en mai. Son frère Toussaint prit, vers la même époque, un brick dans lequel il y avait 60,000 piastres et quantité de marchandises.

Pendant une période décennale, les corsaires firent de très importantes captures, il convient de citer entre toutes, celles du nommé Balidar ; il fut le plus redoutable ennemi des Anglais et leur fit éprouver, pendant les années 1808 et 1809, des pertes considérables.

DIX-NEUVIÈME SIÈCLE

Le 15 septembre 1803, une escadre anglaise se présenta devant la ville et y lança cent cinquante bombes, qui ne causèrent heureusement aucun dommage.

Du 7 au 10 novembre suivant, le premier Consul séjourna à Dieppe, rue des Tribunaux, n° 14, maison Chapmann. Ayant reconnu le mauvais état du chenal, il en ordonna la reconstruction. A l'instar de Colbert, il eut aussi l'idée de faire de Dieppe un port considérable. C'est sur son ordre qu'en 1806 le préfet de la Seine-Inférieure vint ouvrir les travaux d'un bassin à flot. Ces travaux furent abandonnés après la chute de l'Empire.

1810. — Napoléon revint à Dieppe en l'année 1810; Marie-Louise l'accompagnait. Il logea à l'hôtel de ville. Pour lui faire honneur, on simula un petit combat naval entre deux croiseurs dieppois.

Les bains, qui avaient été délaissés pendant plusieurs années, reprirent une nouvelle vogue vers 1810 et 1811.

1812. — M. le D' Le François, de Dieppe, fit imprimer en 1812 une thèse remarquable sur les bains de mer de Dieppe. On peut dire que c'est à partir de cette époque que la station balnéaire s'est acquis la renommée qui en fait aujourd'hui l'une des principales ressources de la ville. L'établissement très modeste de 1778 fut remplacé à cette époque par un autre, de médiocre apparence encore, mais plus rapproché de la mer; on l'établit à l'endroit où se trouve le restaurant du Casino actuel.

1820. — On fit en 1820 les premiers armements pour la pêche de la baleine. Quelques essais avaient été faits sous Louis XIV, mais ils avaient échoué. Ceux de 1820 réussirent. La pêche du Groënlandais dans les mers polaires fut excellente; elle apporta dans la population maritime une aisance inconnue depuis trop longtemps.

1822. — L'établissement des bains froids subit, en 1822, une transformation complète, et de plus, on commença la construction d'un établissement de bains chauds.

1824. — Le 7 août 1824, la duchesse de Berry vint à Dieppe et y séjourna quelque temps. Satisfaite de cette villégiature, elle y revint les années suivantes. La duchesse passa à Dieppe cinq saisons, excepté celle de 1828; elle contribua largement, par ces séjours successifs, à étendre la renommée des bains de mer dieppois.

1826. — On commença, en mars 1826, la construction d'une salle de théâtre; elle fut achevée en août, même année[1].

1827. — Le 6 septembre 1827 eut lieu une fête commémorative de la bataille d'Arques. La garde nationale et les soldats de la garnison simulèrent un combat acharné.

---

[1] Fondation d'une école d'apprentissage de couture, de filets et de dentelles rue Lemoyne.

Par les soins de M. le baron de Vieilcastel, sous-préfet, la bibliothèque de Dieppe fut fondée.

Les restes du gouverneur Aymar de Chattes, d'illustre mémoire, déposés en l'église des Minimes, ont été transportés en l'église Saint-Rémy, au pied du cénotaphe de M. de Montigny.

1829. — Érection d'un obélisque commémoratif de la bataille d'Arques, au sommet du côteau de Saint-Étienne (Archelles).

Un combat fut simulé comme en 1827.

Inauguration du bassin à flot, dont le creusement avait été commencé en 1806.

1831. — En mai 1831, le roi Louis-Philippe, accompagné des ducs d'Orléans et de Nemours, ses fils, vint à Dieppe. Il y revint en juillet 1833.

1834. — M. Thiers, Mme Thiers et sa mère, vinrent aussi honorer Dieppe de leur présence le 21 août 1834. L'année suivante on y recevait l'illustre écrivain, M. de Châteaubriand.

Le 6 mars 1834, le baleinier la *Confiance*, fit naufrage en Araucanie (Chili). Une partie de l'équipage fut sauvée et rentra à Dieppe vers la fin de l'année.

1836. — Le 24 décembre 1836, M. Mira, administrateur de l'Académie royale de musique, se rendit adjudicataire du Casino, des bains chauds et de leurs dépendances, pour le prix de 110,000 francs.

Une nouvelle impulsion fut donnée à cet établissement.

Création d'une Caisse d'épargne.

PLAN DE DIEPPE EN 1832

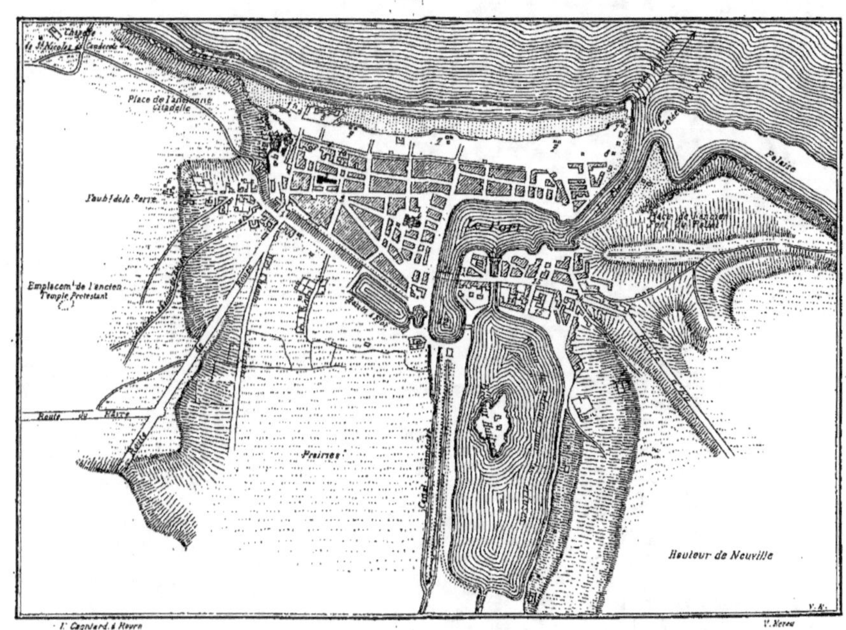

LÉGENDE

1 Porte de la Barre.	11 Passerelle.
2 Le puits salé.	12 Arrière-port.
3 Église St-Rémy.	13 Grande rue du Pollet.
4 Église St-Jacques.	14 Notre-Dame-des-Grèves.
5 Bains à la lame.	15 Couvent des capucins.
6 Bains chauds.	16 Maison des filles Ste-Marie.
7 Batterie de côte.	17 Anc. couvent des Ursulines.
8 Le phare.	18 Hôtel de ville.
9 Corderie.	
10 Écluses de chasse.	

1837. — Construction du bazar des bains.

Les courses de chevaux ont lieu pour la première fois.

1838. — Le 10 août 1838, M. Aguado, riche financier de Séville, naturalisé français, vint à Dieppe. Il logea à l'hôtel Royal et prêta un concours très actif au projet de chemin de fer de Dieppe à Rouen. On a donné le nom d'Aguado à la rue qui longe la plage.

1839. — La direction des bains passa entre les mains de M. Prevot, de 1839 à 1851.

1843. — Fondation de l'Association des artistes et amateurs musiciens.

1844. — Le 22 septembre 1844 eut lieu l'inauguration de la statue de Duquesne. Cette fête locale fut si belle qu'on en conserve encore à Dieppe le meilleur souvenir.

1848. — Une Société de secours mutuels, l'*Union des Travailleurs,* se forma en juillet 1848. Elle fonctionne depuis le 1er janvier 1849.

Le 29 du même mois de juillet, M. Recurt, ministre des travaux publics, vint présider à l'inauguration solennelle du chemin de fer de Dieppe à Rouen.

1849. — Une nouvelle Société de secours mutuels, la *Prévoyante,* fut fondée en 1849.

L'église du Pollet, commencée en 1841 a été bénite en 1849.

Avant cette date le faubourg n'avait qu'une petite chapelle dite des Grèves, il était réuni à la paroisse de Neuville.

1851. — Une Société d'actionnaires acquit les bains pour la somme de 167,000 francs.

Création du Comice agricole de l'arrondissement.

1852. — Fondation de l'ouvroir des jeunes économes.

1853. — Du 20 août au 10 septembre 1853, Napoléon III et l'impératrice Eugénie séjournèrent à Dieppe. On les reçut à l'hôtel de ville.

La manufacture des tabacs, qui avait été supprimée par décret en 1811, fut rétablie par un autre décret impérial en 1853.

1854. — Le grand établissement des bains chauds et froids fut acquis par la ville en février 1854, pour la somme de 340,000 francs ; elle exploita directement cet établissement, et le produit net pour l'année 1854 s'éleva à 40,000 francs.

1855. — L'administration des bains fut confiée en 1855 à M. Darche. Il occupa cette fonction jusqu'au 15 octobre 1875.

Une goëlette du port de Dieppe, le *Jeune-Dieppois,* fut pillée par des pirates marocains, le 8 avril 1855.

1856. — Démolition de la maison de Bouzard pour la construction d'un brise-lames.

1857. — Fondation de la Société des régates dieppoises. Il existe aujourd'hui un Club nautique dieppois parfaitement organisé.

Un nouveau Casino, véritable palais de fonte et de

verre, fut construit en 1857, au lieu et place du Casino en bois de 1822.

1860. — Le 6 décembre 1860, le vaste monument de l'hospice a été inauguré par le baron E. Leroy, préfet, et le cardinal-archevêque de Bonnechose.

1861. — Fondation de l'asile des petites sœurs des pauvres, rue du Chêne-Percé. Un vaste établissement existe présentement sur le côteau de Janval.

1864. — M. le Dr Delattre reconnut en septembre 1864 l'existence d'une source d'eau minérale sulfureuse dans le quartier du Bassin-Bérigny. Cette eau pourrait être employée à tous les usages thérapeutiques des eaux sulfureuses froides, mais on n'en a pas tiré parti jusqu'à ce jour.

1865. — Formation de l'Association des anciens élèves du collège.

1867. — Établissement de bascules par la Chambre de commerce.
Fondation du Cercle dieppois de la Ligue d'enseignement.

1871. — Fondation de la Société nationale de gymnastique.

1872. — Le célèbre modeleur Graillon mourut à Dieppe le 14 décembre 1872.

1873. — Le 3 mai 1873 a été ouvert l'orphelinat de Notre-Dame-des-Flots. Il compte aujourd'hui deux établissements, un pour les garçons et un autre pour les filles.

1875. — Démolition de l'ancienne église Saint-Rémy. De magnifiques constructions ont été élevées sur l'emplacement ; elles forment le prolongement de la rue de la Barre.

1876. — M. Mélio succéda à M. Darche comme administrateur de l'établissement des bains.

L'épouvantable ouragan qui se déchaîna sur le continent européen, le 11 mars 1876, exerça peu de ravages à Dieppe. Le principal sinistre à déplorer fut le renversement de la corderie mécanique appartenant à M. Morisse et située sur le mont de Caux.

Le 30 juin 1876, M. Christophe, ministre des travaux publics, accompagné du préfet de la Seine, M. Ferdinand Duval, et de notre préfet, M. Limbourg, est venu visiter l'établissement des Bains.

Le 9 juillet suivant, cent quarante trois Sociétés musicales et plus de cinq mille musiciens prirent part à un grand Concours musical.

Cette fête artistique fut des mieux réussies, grâce à l'organisation aussi intelligente que dévouée de M. Ernest Anquetin, président, et J. Delahais, vice-président de la Société philharmonique.

On inaugura le lendemain 10, le Skating-Rink (patinage à roulettes), construit dans la partie Est du jardin du Casino.

Le 16 juillet, même année, le cardinal de Bonnechose, bénissait la petite chapelle de Bon-Secours, édifiée sur la falaise du Pollet (commune de Neuville).

L'ouverture officielle du Musée de Dieppe a été faite le 5 septembre suivant, sous la présidence de M. Legros, maire.

C'est encore en cette année 1876 que la société l'*Émulation dieppoise,* a été créée. Cette Société a pour but de favoriser le goût artistique du dessin et de former de bons ouvriers par des travaux manuels de menuiserie et de serrurerie etc. Des professeurs spéciaux donnent des leçons. L'Émulation dieppoise pose les fondements d'une école d'apprentissage.

1877. — Les bains, gérés jusqu'au 1er mars 1877, par un administrateur choisi par la ville, ont été affermés à partir de cette date pour huit saisons, devant expirer le 1er octobre 1884.

M. Bias a pris cet affermage moyennant un loyer annuel de 40,000 francs.

Présentement la ville est en pourparlers pour un nouvel affermage [1].

Le jeudi 9 août 1877, l'illustre libérateur du territoire, M. Thiers, accompagné de sa dame, arrivait à Dieppe. Son séjour dura peu, car il était déjà atteint de la maladie qui devait l'enlever quelques semaines plus tard.

Une Société protectrice de l'enfance commença à fonctionner le 1er janvier 1877.

[1] 1886. — La ville vient d'affermer le Casino à M. Bloch. Les transformations et reconstructions opérées par ce fermier, font de cet établissement le plus beau, le plus vaste et le mieux aménagé de toutes les plages.

1880. — Le 15 juillet 1880, fondation du Club nautique dieppois.

C'est aussi en cette année que M. Le Vert créa une Société de musique municipale. Il n'existe à Dieppe que la *Société philharmonique,* dont la création remonte à plus de cinquante années.

1882. — Fondation du tir dieppois.

Le 17 avril 1882, l'école du marché aux veaux, précédemment dirigée par les Frères des écoles chrétiennes, est confiée à un directeur laïque, M. Chevallier.

Une école laïque de filles est ouverte le 1er octobre suivant dans l'établissement neuf édifié place de la Barre, Une classe enfantine est présentement annexée à cette école, dirigée par Melle Quesnel.

Dans le même mois, à la date du 26, survint une affreuse tempête qui apporta le deuil et la misère dans un certain nombre de familles de pêcheurs. Le capitaine de port, Rondeau, et quelques braves marins se dévouèrent pour aller sauver plusieurs pêcheurs restés en détresse, dans une barque désemparée, au milieu des flots en furie, à deux mille environ de la côte. Le sauvetage s'opéra, mais difficilement. Quand les sauveteurs abordèrent dans le canal d'entrée, ils furent acclamés par plus de deux mille personnes, qui attendaient avec la plus grande anxiété le dénouement de ce drame maritime.

1884. — De grands travaux sont présentement en cours d'exécution pour le creusement d'un bassin à eau profonde et d'un nouveau canal d'entrée à travers le faubourg du Pollet.

En moins de dix ans, trois ministres des Travaux publics se sont rendus à Dieppe pour cet objet.

En 1878, MM. Le Gros, maire, Levert et Rozée-Belle-Isle, adjoints, recevaient M. de Freycinet.

En 1884, M. Raynal était reçu par MM. Anquetin, maire; Lemagnen et Duprat, adjoints.

En 1885, c'étaient MM. Rimbert, maire; Lefebvre-Brixard et Duprat, adjoints, qui faisaient les honneurs de la cité à M. Deme.

En venant à Dieppe, les ministres ont apporté pour les grands travaux du port l'appui moral et financier de l'État, et il est heureux de constater que les édiles dieppois de notre époque, mieux inspirés que ne le furent ceux de 1672 et de 1681, ont su profiter des avantages sérieux offerts par le Gouvernement.

On voit que depuis le commencement du xix° siècle la ville de Dieppe a fait les plus louables efforts pour se relever de sa décadence.

Il faut espérer qu'elle ne verra pas finir ce siècle sans avoir repris la plus large part de son ancienne splendeur.

PLAN DE DIEPPE EN 1884

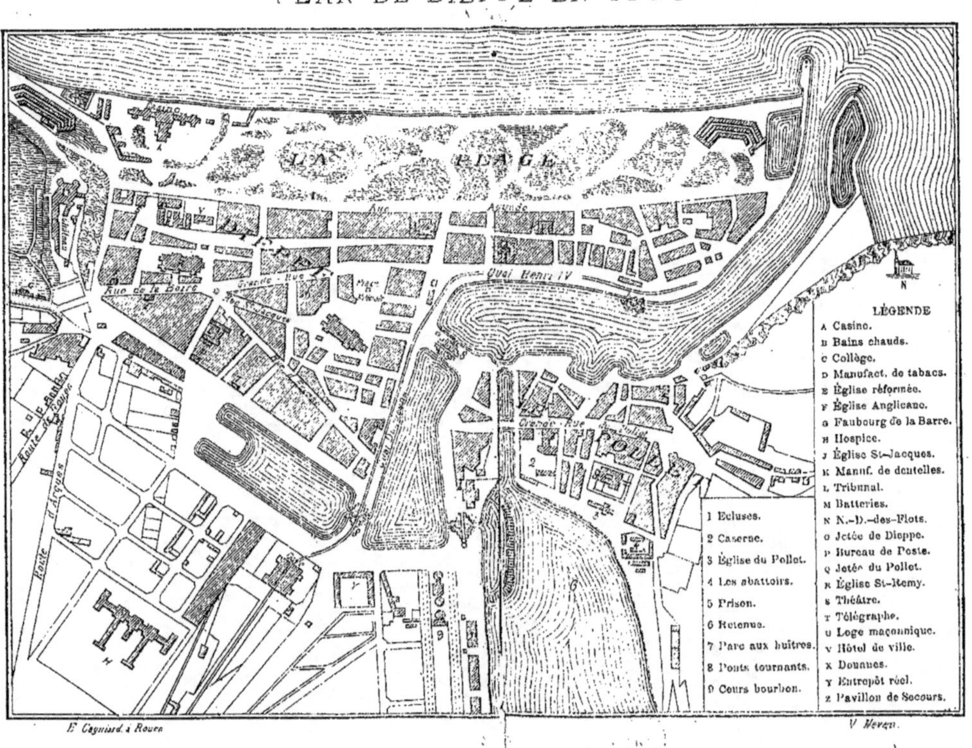

TABLE DES MATIÈRES

Rouen. — Imp. E. Cagniard, rues Jeanne-Darc, 88, et des Basnage, 5

E. CAGNIARD
ROUEN

www.ingramcontent.com/pod-product-compliance
Lightning Source LLC
LaVergne TN
LVHW050100060726
842524LV00003B/845